한국에서 유일한
**기초 영문법
3**

지은이 한일

동영상 강의 및 방송 활동

- EBS 〈한국에서 유일한 기초영문법〉
- EBS 〈한국에서 유일한 종합영문법〉
- EBS 〈한국에서 유일한 뉘앙스보카〉
- EBSe 〈매일 10분 한일의 포인트 영문법〉
- EBSe 〈한일의 쉽고 재미있는 라이팅〉
- EBSe 〈영어공부법 특강〉
- EBS Radio 〈한일의 쉽게 배우는 영문법〉
- EBS 〈자녀교육스페셜-문법〉

약력

- Columbia University TESOL
- Wisconsin 주립대학교 Communication Process – 언어학
- Denz Elementary School 보조교사
- Los Angeles Watered Garden 교사
- 교과부 영어수시확대자문위원
- KCU with 연세대학교 겸임교수, 한세대학교 초빙교수
- University of Teachers Education 커리큘럼제작 교육

저서

- 〈Story Writing 1,2,3,4,5,6,7,8,9,10〉
- 〈Academic Writing & Tone 1,2,3〉
- 〈Must Have Grammar for Writing 1,2,3〉
- 〈영어 ALL 그래머 & 라이팅 스킬 1,2,3〉
- 〈Basic Story Reading & Copy Writing 01~30〉
- 〈이기는 영단어〉
- 〈서술형 문제 유형 33〉

한국에서 유일한 기초 영문법 3

초판 1쇄 발행 2018년 12월 15일

지은이	한일
펴낸곳	도서출판 한일에듀
출판등록일	2017년 8월 7일 (672-99-00298)
주소	마포구 백범로 91 (대흥동, 주석빌딩 8층) 한일잉글리쉬아카데미
대표전화	070-7768-1100 (FAX 02-715-8426)
홈페이지	www.haniledu.org

한국에서 유일한
기초 영문법

한일 지음

한일에듀

● EBSlang <한국에서 유일한 기초 영문법> 수강평

영어공부의 벽이 뚫린 것 같아요!

문법을 모르는 것이 아닌데 영작이 마음처럼 되지 않아 많이 힘들었습니다. 이 강의를 듣고 이때까지 문법을 공식처럼 암기만하고 정작 그 쓰임새를 생각해보지 못했다는 것을 깨닫게 되었습니다. 배운 문법이 문장에서 어떻게 사용되는지 알게 된 후 막혀있던 영어 실력이 한단계 향상된 것을 느꼈습니다. 스스로 구사하고 싶은 문장을 만들 수 있게 된 후로 이전에 느꼈던 답답함이 사라지고 또 다른 영어 인생이 만들어지고 있는것이 느껴집니다.

- 장*희 -

대대로 물려주고 싶은 완소강의!

15년 전 한일 선생님의 강의를 듣고 많은 도움을 받았습니다. 성인이 된 지금도 영어공부의 필요성을 느끼고 아버지와 함께 영어공부를 하고 있는데 선생님의 강의가 너무 재밌다고 하시면서 좋아하십니다. 한일 선생님의 강의는 어른아이 할 것 없이 이해하기 쉽다는 것을 다시 한 번 느꼈습니다. 누구든지, 언제든지 한일 선생님의 강의로 다시 시작해보세요.

- 정*영 -

영문법 포기자들을 회생시켜주는 강의!

영어를 포기하고 있었는데 선생님 덕분에 영어 공부에 흥미가 생겨서 기초부터 탄탄하게 실력을 쌓아가고 있습니다. 재미있고 알기 쉽게 설명해주셔서 영어가 어렵지 않고 재미있다는 것을 알게 되었습니다. 영어에 자신감이 생길 수 있게 해 주셔서 감사합니다.

- 윤*은 -

무릎을 탁 치게 하는 탁월한 강의!

저는 시제 부분이 가장 이해가 되지 않았는데, 선생님이 단순과거와 현재완료의 차이를 설명해 주는 부분에서 그 탁월함에 무릎을 쳤습니다. 두 시제가 무슨 차이인지에 대해 의문조차 품지 않았던 제 자신이 안타까웠습니다. 이 강의를 통해 내가 왜 영어를 어려워하고 자신감이 없었는지를 깨닫게 되었습니다.

- 최*혜 -

영어가 원래 재미있었나?

한일 선생님만의 새로운 접근방식으로 설명이 잘 이해되는 것은 물론이고 내용이 오랫동안 기억에 남아 재밌게 공부할 수 있었습니다.

- 정*현 -

한일 선생님 모르는 사람 없게 해주세요!

강의를 들을수록 영어공부에 빠져들게 되었어요. 많은 사람들이 선생님의 강의를 듣고 영어에 대한 두려움이 사라졌으면 좋겠습니다.

- 문*준 -

이 강의를 만난 것은 올해 최고의 행운!

영어라면 단어 몇 개 밖에 모르던 제가 이 강의를 듣고 영어 문장을 쓸 수 있게 되었습니다. 이제야 중고등학교 때 친구들이 외우던 형용사절, 가정법이 뭐였는지 깨닫게 됐어요. 잃어버린 세월을 돌려받은 느낌이에요. 저 같은 영어 초보도 한 번에 이해할 수 있을 만큼 정말 쉽고 재미있게 설명해 주십니다. 영어문법 공부를 시도해 보긴 했지만 실패하셨던 분들에게 추천합니다. 여러분들도 이 강의를 통해 영어로 상처받았던 경험들을 이겨내시길 바랍니다.

- 최*림 -

문법이 모여 영작까지!

학창시절 문법을 그냥 외우기만 해서인지 실전에서 어려움이 많았는데 문법이 문장속에서 어떻게 사용되었는지 알게 되면서 문법을 자연스럽게 문장으로 연결시킬 수 있었습니다.

- 문*혜 -

진솔한 강의!

한일 선생님의 재미있는 경험담과 유머에 힘을 얻고 감동도 받아 영어공부의 의지가 생깁니다. 정말 멋진 선생님이세요!

- 김*비 -

관계대명사가 이렇게 쉬운 개념이었다니…

영포자라고 생각했던 제가 관계대명사를 이렇게 쉽게 이해하다니 너무 감동입니다. 분사, 시제, 가정법도 이제 무섭지가 않네요. 진작에 알았다면 이렇게 오랫동안 고생하지 않았을 것 같아요. 문법용어 때문에 영문법을 포기했던 분들에게 강력 추천합니다!

- 권*희 -

머리말

영문법, 왜 알아야 할까요?

영어 공부하기 무척 힘들죠? 하지만 정확한 길을 알면 쉽습니다. 영어는 '간단한 문법(Simplified Grammar)'으로 이루어져 있습니다. 따라서 이 간단한 문법을 알면 누구든지 쉽고 빠르게 높은 수준의 말과 글을 만들 수 있게 됩니다.

단어는 많이 알지만 막상 영어로 글을 쓰거나 말을 하지는 못하는 사람들이 있어요. 이런 현상이 나타나는 이유는 문법 활용 연습이 부족하기 때문입니다. 영어로 글이 써지고 말이 되는 방법을 알아야 하는데, 그게 바로 필수 '간단한 문법(Simplified Grammar)'이에요. 영어를 잘하고 싶은 사람이라면 이 필수 영문법은 절대 피해갈 수 없는 부분입니다.

문법 용어, 머리가 아프다고요?

관계대명사, 과거분사, 현재완료 등 어려운 문법 용어 때문에 문법 공부를 포기한 분들이 많을 거예요. 모든 영어 문법은 저마다 생긴 배경과 이유가 있습니다. 이 배경을 먼저 이해하면 문법을 쉽게 터득할 수 있습니다. 그런 다음 문법 용어를 익혀 두면 영어 문장을 자신 있게 만들 수 있습니다. 문법 용어는 학습한 내용을 함축적으로 기억하도록 도우면서 영어문장 쓰기, 읽기, 말하기의 가이드 역할을 하기 때문에 반드시 기억해 놓아야 합니다.

필수 문법, 이것 먼저 능통해야 합니다!

모든 문법을 다 알아야 하나요? 무슨 문법부터 시작해야 하나요? 문법 중에 더 자주 쓰이는 것과 덜 쓰이는 것이 있지 않나요? 이 질문들의 답은 '필수적으로 쓰이는 영문법에 먼저 능통해야 한다'는 것입니다. 즉, 문장을 구성하고 늘리는 데 필수적인 문법들을 우선적으로 학습해야 합니다. 집으로 치면 사람이 살 수 있는 공간을 먼저 만들어 놓는 것입니다. 일단 문장을 쓸 수 있는 능력을 확보해 놓은 다음 부가적인 문법을 공부하면 훨씬 수월하게 실력을 늘릴 수 있어요.

이 책은 영어 학습자가 반드시 알아야 하는 필수 문법들, 그리고 다양한 시험 속 문장을 해석하고 쓸 수 있는 능력을 가지기 위해서 우선적으로 배워야 하는 문법들을 다루고 있습니다. 이 책을 통해서 필수 문법의 종류를 배우고, 각 필수 문법들이 어떻게 협력해서 문장을 만드는지 알 수 있습니다.

기초 영문법, 쉽게 알려주기 때문입니다!

이 책의 제목은 〈한국에서 유일한 기초 영문법〉이지만, '기초'라고 해서 쉬운 것만 다루는 것은 아닙니다. 기본적인 문법뿐만이 아니라 수준 높은 문법까지 '쉽게' 알려주기 때문에 '기초 영문법'이라고 한 거예요. 더불어 교재의 학습 효과를 극대화하고자 교재의 내용과 체제를 전면 개편한 개정판(Third Edition)을 출간하게 되었습니다. 핵심 내용의 가독성을 높이기 위해 구성을 전면 개편했고, 학습한 내용을 효과적으로 복습하고 응용해 볼 수 있도록 연습문제를 대폭 교체했습니다. 또한 교재만으로도 학습의 완성도를 높일 수 있도록 보강했습니다.

오랫동안 사랑받아 온 이유

〈한국에서 유일한 기초 영문법〉 강의와 교재는 2007년 출시 이래 수많은 수강생과 독자들에게 큰 사랑을 받아 왔습니다. 포기했던 영어를 다시 시작하고 싶은 사람, 영어 말하기 쓰기를 위해 문장 구성 원리를 깨치고 싶은 사람, 내신·공무원시험·토익 등 각종 영어 시험을 위해 영문법을 재정리하고 싶은 사람 등 다양한 계층에게 입소문을 타고 인지도를 넓혀갔습니다. 그 힘은 다른 곳에서는 찾아 보기 힘든 명료한 문법 설명과 빠르게 실력 향상으로 직결되는 학습 효과 때문이라고 생각합니다.

문장을 쓰지 못했던 사람이 최초로 문장을 만들어 보는 경험, 짧은 문장만 간신히 썼던 사람이 좀 더 긴 문장을 쓰게 되는 희열을 느끼면서 '나도 영어를 할 수 있구나'라는 자신감을 갖게 된 것이지요. 아무쪼록 이 교재를 통해 여러분이 영문법의 벽을 뛰어 넘고, 영어로 글을 쓰고 말하는 것이 한층 자유로워지기를 바랍니다.

저자 한일

차 례

LESSON 41 합해서 만들어지는 '진행형' 14

1. 현재분사는 형용사다
2. be동사 뒤에 쓸 수 있는 것
3. 〈be동사 + -ing〉의 이름은 '진행형'
4. 진행형 문장 만들기
5. '현재진행형'과 '현재형'의 차이
6. 진행형에 부연 설명 붙이기

LESSON 42 무엇을 '완료', '진행'이라고 할까? 21

1. '현재분사'와 '과거분사'의 의미 차이
2. 분사를 알아야 시제가 보인다
3. 동사 have의 네 가지 쓰임
4. 〈have + 과거분사〉의 이름은 '현재완료'

LESSON 43 알고 싶다, 현재완료 27

1. 과거분사는 동사가 아니다
2. 현재완료와 과거완료
3. 현재완료 문장 만들기
4. 분사가 영향을 미치는 7가지 문법
5. 시제 이름 말하기
6. 영어의 12시제

LESSON 44 밝혀지는 시제의 비밀 -ed와 -ing 38

1. 영어의 12시제 복습하기
2. 문장 속 시제 파악하기

LESSON 45 쓰고 싶은 시제 마음대로 쓰기 44

1. 영어 12시제의 구조 쓰기
2. 영어 12시제의 구조 암기하기
3. 글 속에서 시제 파악하기 – Test
4. 글 속에서 시제 파악하기 – 정답

LESSON 46 우리만 여태 틀렸던 시제 실수들 55

1. 헷갈리는 got의 시제
2. 과거형은 과거의 일일 뿐!
3. 과거와 현재를 연결하는 현재완료
4. 시제에 따라 뉘앙스가 달라지는 always

LESSON 47 이렇게 길게 써질 수가! 62

1. 영어 문장을 길게 쓰기 위한 밑바탕
2. 첫 번째 방법 – 명사 앞에 형용사 넣기
3. 두 번째 방법 – 명사 뒤에 〈전치사+명사〉 넣기
4. 세 번째 방법 – 명사 뒤에 문장 넣기

LESSON 48 3 Steps로 한없이 길게 쓰기 70

1. 세 가지 방법 몰아서 쓰기
2. 끼워 넣는 문법의 특징
3. 형용사절 효과 (Big Bang Effect) 연습하기
4. 명사 수식하는 연습하기

LESSON 49 이제야 밝혀지는 이름 – 관계대명사 81

1. 형용사절을 쓰는 두 가지 방법
2. 주격 관계대명사
3. 목적격 관계대명사
4. 주격 관계대명사 연습하기

LESSON 50 어떻게 만드나요? 형용사절 87

1. 관계대명사, 형용사절, 선행사의 관계
2. 주격 관계대명사가 있는 형용사절 만들기
3. 선행사에 따른 관계대명사의 종류
4. 인기 있는 관계대명사는 that
5. 〈선행사 + 관계대명사〉 연습하기
6. 관계대명사 vs 관계부사

LESSON 51 형용사절을 형용사구로 바꾸는 이유   96

1. 형용사절은 끼워 넣는 문법
2. 내용상 중요한 것을 빨리 말하는 방법
3. 형용사절을 형용사구로 바꾸는 연습하기

LESSON 52 상황에 맞게 바꾸자: 형용사절 → 형용사구   102

1. 형용사절을 형용사구로 바꾸기 – be동사가 있는 경우
2. 형용사절을 형용사구로 바꾸기 – 형용사만 남는 경우
3. 형용사절을 형용사구로 바꾸기 – 전치사구가 남는 경우
4. 형용사절을 형용사구로 바꾸기 – 일반동사가 있는 경우 ①
5. 형용사절을 형용사구로 바꾸기 – 일반동사가 있는 경우 ②
6. 형용사절을 형용사구로 바꾸기 – 형용사절에 자체 주어가 있는 경우
7. 관계대명사 주격 vs 목적격

LESSON 53 손에 잡힐 때까지 바꾸자: 형용사절 → 형용사구   114

1. 형용사절을 형용사구로 바꾸기 ①
2. 형용사절을 형용사구로 바꾸기 ②
3. 형용사절을 형용사구로 바꾸기 ③
4. 형용사절을 형용사구로 바꾸기 ④
5. 형용사절을 형용사구로 바꾸기 ⑤
6. 형용사절을 형용사구로 바꿀 수 없는 경우 ①
7. 형용사절을 형용사구로 바꿀 수 없는 경우 ②

LESSON 54 모든 문장은 이렇게 길어진다   125

1. 형용사절을 형용사구로 바꾸는 2가지 방법
2. 글의 수준을 높이는 형용사절의 활용

LESSON 55 어떻게 만드나요? 명사절   136

1. 가장 이상적인 단어 배열 (SVO + 전치사구)
2. 명사 자리에 문장을 써라
3. why로 시작하는 명사절
4. 의문사로 시작하는 명사절
5. 명사절의 기타 용법

LESSON 56 문장만 만들 수 있으면 명사절은 쉽다   145

1. 명사절의 의미 복습
2. 명사 자리에 문장 넣기
3. 명사절을 만드는 방법
4. that으로 시작하는 명사절

LESSON 57 가정법 과거는 아쉬워서 내뱉는 말   154

1. 가정할 때 쓰는 말투
2. 가정법 현재
3. 가정법 과거 – be동사가 있는 경우
4. 가정법 과거 – 일반동사가 있는 경우

LESSON 58 영어에서 가장 많이 쓰이는 단어 the   164

1. 통틀어서 말할 때 쓰는 the
2. 발명품 앞에 쓰는 the
3. 악기의 이름 앞에 쓰는 the

LESSON 59 the를 보는 시야를 넓혀라   169

1. 앞에서 언급한 단어를 다시 반복할 때 쓰는 the
2. 공공의 개념이 들어 있는 단어 앞에 쓰는 the
3. 강조를 나타내는 the
4. 글 속에서 the의 쓰임 확인하기

LESSON 60 do/does/did가 남긴 영향   176

1. 명사의 동사화
2. do/does/did의 반복을 피하는 방법
3. 강조문
4. 의문문
5. 부정문

정답 및 해설   187

● 이 책의 구성 및 학습방법

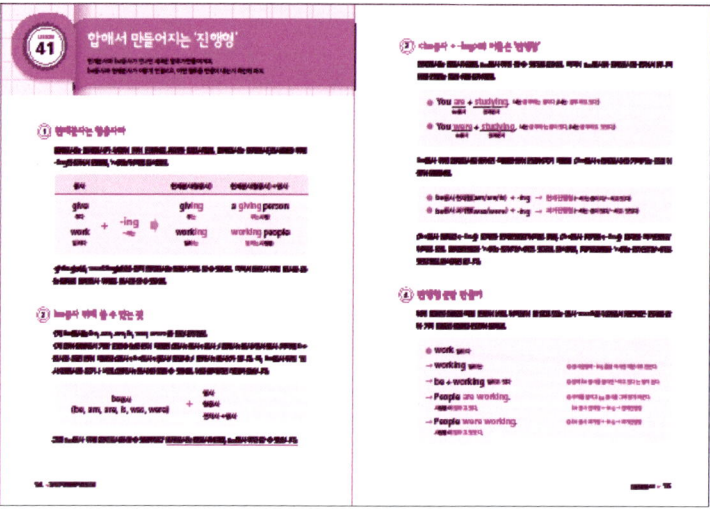

▶ **쉽고 명쾌한 문법 설명**

무조건 외워야 하는 문법 설명이 아니라, 각 문법이 생겨난 배경부터 문법 용어가 만들어진 과정, 문법의 뉘앙스까지 알기 쉽게 설명해 줍니다.

▶ **문법 감각을 키우는 예문**

문법이 적용된 예문이 풍부하게 수록돼 있습니다. 모든 예문을 소리 내어 읽으면서 문법 감각을 키워 보세요. 중요 예문을 외워 두면 더욱 좋습니다.

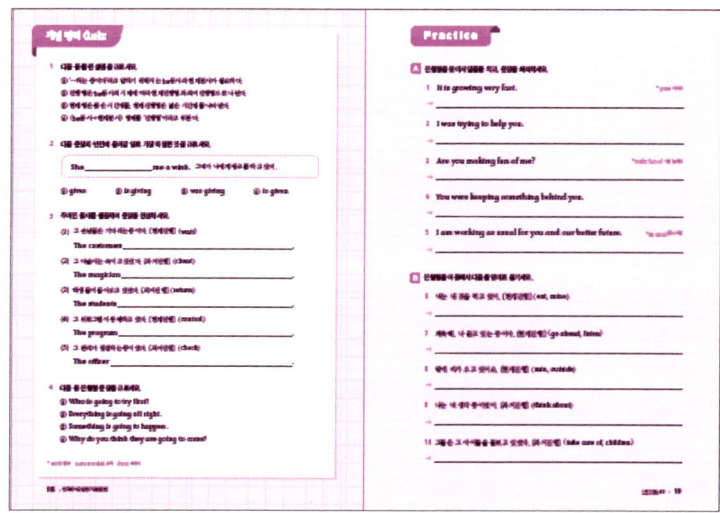

▶ **개념정리 Quiz**

문법 개념을 제대로 이해했는지 확인해 봅니다. 문제를 풀면서 중요 내용을 정리하고, 헷갈렸던 부분도 점검해 보세요.

▶ **Practice**

학습한 문법을 이용해 영어 문장을 해석하고 영작해 봅니다. 문법 개념을 이해하는 데서 그치지 않고 이를 활용해 영어를 읽고 말하고 쓰는 능력을 키울 수 있는 부분이므로, 문제를 성실히 풀고 정답도 꼼꼼히 확인해 보세요.

**한국에서 유일한
기초 영문법**

시작해 볼까요?

합해서 만들어지는 '진행형'

현재분사와 be동사가 만나면 새로운 말투가 만들어져요.
be동사와 현재분사가 어떻게 연결되고, 어떤 말투를 만들어 내는지 확인해 봐요.

① 현재분사는 형용사다

현재분사는 현재동사가 부분이 되어 만들어진 새로운 형용사예요. 현재분사는 현재동사(동사원형) 뒤에 -ing를 붙여서 만들고, '~하는'이라고 해석해요.

동사		현재분사(형용사)	현재분사(형용사) + 명사
give 주다	+ -ing ~하는	giving 주는	a giving person 주는 사람
work 일하다		working 일하는	working people 일하는 사람들

giving(주는), working(일하는) 등의 현재분사는 형용사라고 할 수 있어요. 따라서 형용사 뒤에 명사를 쓰는 것처럼 현재분사 뒤에도 명사를 쓸 수 있어요.

② be동사 뒤에 쓸 수 있는 것

(1) be동사는 be, am, are, is, was, were 등 전부 6개예요.
(2) 영어 문장에서 가장 빈도수 높은 단어 배열인 〈명사+동사+명사 / 전치사+명사〉에서 동사 자리에 be동사를 쓰면 단어 배열은 〈명사+be동사+(명사/형용사) / 전치사+명사〉가 됩니다. 즉, be동사 뒤에 '명사/형용사'를 쓰거나 바로 〈전치사+명사〉를 붙일 수 있어요. 이를 정리하면 다음과 같습니다.

그럼 be동사 뒤에 현재분사도 쓸 수 있을까요? 현재분사는 형용사이므로, be동사 뒤에 쓸 수 있습니다.

③ <be동사 + -ing>의 이름은 '진행형'

현재분사는 형용사이므로 be동사 뒤에 쓸 수 있다고 했어요. 따라서 be동사와 현재분사를 붙여서 하나의 말을 만드는 것은 쉬운 일이에요.

❶ You **are** + **studying**. 너는 공부하는 중이다. (너는 공부하고 있다.)
　　　be동사　　현재분사

❷ You **were** + **studying**. 너는 공부하는 중이었다. (너는 공부하고 있었다.)
　　　be동사　　현재분사

be동사 뒤에 현재분사를 붙이면 특정한 말이 만들어지기 때문에 <be동사+현재분사>를 가리키는 문법 이름이 생겼어요.

❸ be동사 현재형(am/are/is) + -ing → **현재진행형** (~하는 중이다/~하고 있다)
❹ be동사 과거형(was/were) + -ing → **과거진행형** (~하는 중이었다/~하고 있었다)

<be동사 현재형 + -ing> 형태를 '**현재진행형**'이라고 하고, <be동사 과거형 + -ing> 형태를 '**과거진행형**'이라고 해요. 현재진행형은 '~하는 중이다/~하고 있다'로 해석하고, 과거진행형은 '~하는 중이었다/~하고 있었다'로 해석하면 됩니다.

④ 진행형 문장 만들기

이제 진행형 문장을 직접 만들어 봐요. 여러분이 잘 알고 있는 동사 work를 이용해서 차근차근 단계를 밟아 가며 진행형 문장을 만들어 볼게요.

❶ work 일하다
→ working 일하는　　　　　　　　　　　○ 동사원형에 -ing를 붙여서 현재분사로 만든다.
→ be + working 일하는 중이다.　　　　　○ 앞에 be동사를 붙이면 '~하고 있다'는 말이 된다.
→ People **are** working.　　　　　　　　○ 주어를 붙이고 be동사를 그에 맞게 바꾼다.
　 사람들이 일하는 중이다.　　　　　　　　　be동사 현재형 + -ing → 현재진행형
→ People **were** working.　　　　　　　○ be동사 과거형 + -ing → 과거진행형
　 사람들이 일하는 중이다.

LESSON 41 • 15

이번에는 동사 wait를 이용해서 진행형 문장을 만들어 볼까요?

❷ wait 기다리다

→ waiting 기다리고 있는 ◐ 동사원형에 -ing를 붙여서 현재분사로 만든다.

→ be + waiting 기다리고 있다 ◐ 앞에 be동사를 붙이면 '~하고 있다'는 말이 된다.

→ I am waiting. 나는 기다리고 있다. ◐ 주어를 붙이고 be동사를 그에 맞게 바꾼다.
　　　　　　　　　　　　　　　　　　　be동사 현재형 + -ing → 현재진행형

→ I was waiting. 나는 기다리고 있었다. ◐ be동사 과거형 + -ing → 과거진행형

⑤ '현재진행형'과 '현재형'의 차이

현재형은 장기간의 일·행동·상황·습관을 나타내는 반면, 현재진행형은 특정 순간에 멈추지 않고 계속 이어지는 일·행동·상황을 나타냅니다. 그러므로 현재형은 시간대가 넓고 현재진행형은 시간대가 좁아요. 그러다 보니 현재진행형이 더 생동감 있는 표현이 됩니다. 마찬가지 이유로 과거진행형이 과거형보다 더 생동감 있는 표현이 됩니다.

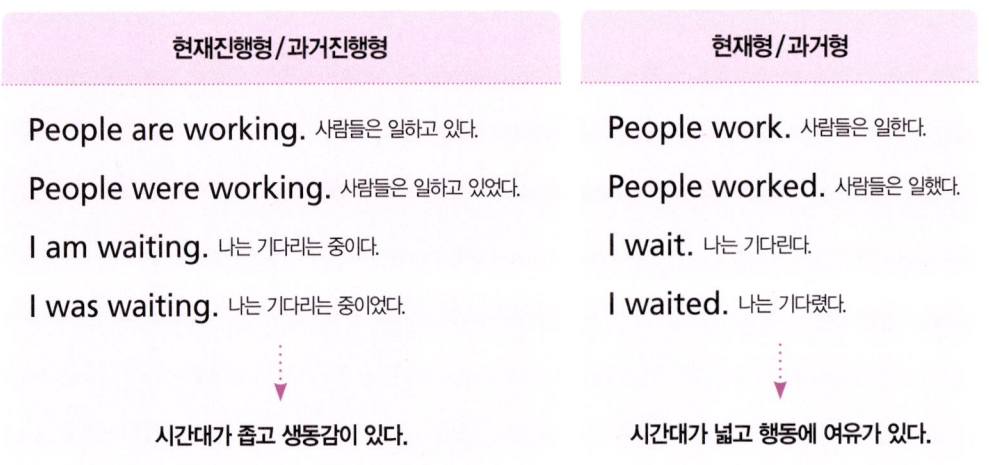

진행형은 어떤 일이 일어나고 있는 한 순간을 표현하는 시제로서 그 일의 전체적인 상황보다는 순간적인 상황을 표현하기에 적합합니다.

⑥ 진행형에 부연 설명 붙이기

이제 진행형 문장에 부연 설명을 덧붙여서 길게 말하는 연습을 해봐요. 부연 설명의 전형적인 형태는 〈전치사+명사〉와 in order to(~하기 위해서)입니다. 이 두 가지는 전체 문법에 직접적인 영향을 주지 않는 부연 설명이기 때문에 문장에 끼워 넣을 수 있으며 문장을 길게 만드는 데 매우 효과적입니다. 진행형 문장에 〈전치사+명사〉와 in order to를 붙여 봅시다.

❶ 우리는 공부하고 있다.
   We are studying.

→ 우리는 영어를 공부하고 있다.
   We are studying English.

→ 우리는 이번 학기에 영어를 공부하고 있다.
   We are studying English **in/for this semester**.
                          전치사   명사

*semester 학기

❷ 나는 생각하는 중이다.
   I am thinking.

→ 나는 그 남자에 대해서 생각하는 중이다.
   I am thinking **about the man**.
                   전치사   명사

❸ 우리는 애쓰는 중이다.
   We are trying.

→ 우리는 끝내기 위해서 애쓰는 중이다.
   We are trying **in order to finish**.
                  ~하기 위해서   동사

❹ 그는 대답하고 있다.
   He is answering.

→ 그는 그 질문에 대답하고 있다.
   He is answering **the question**.

→ 그는 망설임 없이 그 질문에 대답하고 있다.
   He is answering the question **without hesitation**.
                                  전치사   명사

*hesitation 주저, 망설임

영어 실력을 향상시키기 위한 방법 중에 하나로 **다량의 전치사 사용**은 늘 추천하는 방법입니다!

개념 정리 Quiz

1 다음 중 틀린 설명을 고르세요.

① '~하는 중이다'라고 말하기 위해서는 be동사와 현재분사가 필요하다.
② 진행형은 be동사의 시제에 따라 현재진행형과 과거진행형으로 나뉜다.
③ 현재형은 좁은 시간대를, 현재진행형은 넓은 시간대를 나타낸다.
④ 〈be동사 + 현재분사〉 형태를 '진행형'이라고 부른다.

2 다음 문장의 빈칸에 들어갈 말로 가장 적절한 것을 고르세요.

> She _____ me a wink. 그녀가 나에게 윙크를 하고 있어. [현재진행]

① gives　　　② is giving　　　③ was giving　　　④ is given

3 주어진 동사를 활용하여 문장을 완성하세요.

(1) 그 손님들은 기다리는 중이다. [현재진행] (wait)

　　The customers _____.

(2) 그 마술사는 속이고 있었다. [과거진행] (cheat)

　　The magician _____.

(3) 학생들이 돌아오고 있었다. [과거진행] (return)

　　The students _____.

(4) 그 프로그램이 통제하고 있다. [현재진행] (control)

　　The program _____.

(5) 그 관리가 점검하는 중이었다. [과거진행] (check)

　　The officer _____.

4 다음 중 진행형 문장을 고르세요.

① Who is going to try first?
② Everything is going all right.
③ Something is going to happen.
④ Why do you think they are going to come?

* wink 윙크　customer 손님, 고객　cheat 속이다

Practice

A 진행형임을 알려주는 부분을 찾아서 밑줄을 치고, 문장을 해석하세요.

1 It is growing very fast. *grow 자라다
→ _____

2 I was trying to help you.
→ _____

3 Are you making fun of me? *make fun of ~를 놀리다
→ _____

4 You were keeping something behind you.
→ _____

5 I am working as usual for you and our better future. *as usual 평소처럼
→ _____

B 진행형을 이용해서 다음을 영어로 옮기세요.

6 너는 내 것을 먹고 있어. [현재진행] (eat, mine)
→ _____

7 계속해. 나 듣고 있는 중이야. [현재진행] (go ahead, listen)
→ _____

8 밖에 비가 오고 있어요. [현재진행] (rain, outside)
→ _____

9 나는 너 생각 중이었어. [과거진행] (think about)
→ _____

10 그들은 그 아이들을 돌보고 있었다. [과거진행] (take care of, children)
→ _____

C 단계별로 길이를 늘이면서 영작해 보세요.

11 (1) 나는 확인하고 있어. (check)

→ _____

(2) 나는 답을 확인하고 있어. (answer)

→ _____

(3) 나는 시험에서 답을 확인하고 있어. (test)

→ _____

12 (1) 그들은 운동하고 있는 중이야. (exercise)

→ _____

(2) 그들은 체육관에서 운동하고 있는 중이야. (gym)

→ _____

(3) 그들은 체육관에서 다음 경기를 위해서 운동하고 있는 중이야. (next game)

→ _____

13 (1) 그 여자가 오고 있어. (come)

→ _____

(2) 빨간 티셔츠를 입은 여자가 오고 있어. (with a red T-shirt)

→ _____

(3) 빨간 티셔츠를 입은 여자가 나에게 오고 있어. (me)

→ _____

무엇을 '완료', '진행'이라고 할까?

현재분사와 과거분사가 각각 어떤 시제를 만들어 내는지 알아봐요.
또 have와 과거분사가 만나서 만들어 내는 새로운 시제에 대해서도 알아봅시다.

① '현재분사'와 '과거분사'의 의미 차이

work<u>ing</u>(일하는), grow<u>ing</u>(성장하는) 같은 현재분사는 '~하는, ~하고 있는'이라는 '진행'의 의미를 전달해요. 한편, achiev<u>ed</u>(성취된), finish<u>ed</u>(끝난) 같은 과거분사는 '~당한/된'이라는 '완료'의 의미를 전달해요.

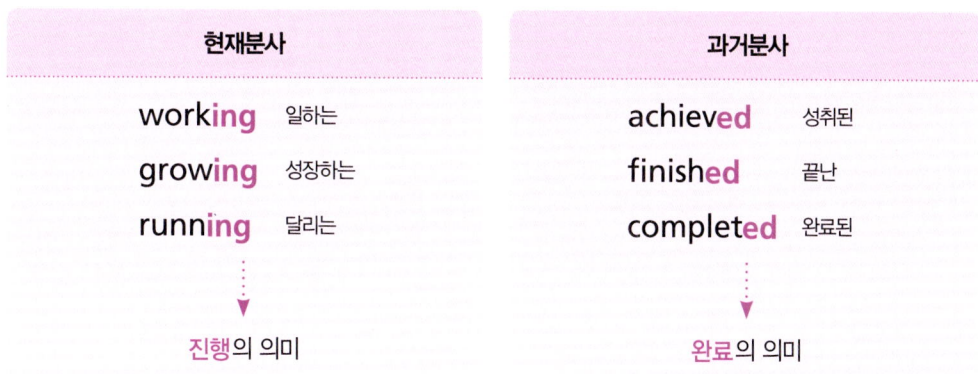

앞으로 단어 끝에 -ed가 보이면 완료의 의미로 받아들이고, -ing가 보이면 진행의 의미로 받아들이면 됩니다. 여러분이 speaking을 하거나 writing을 할 때도 완료의 의미를 전하려면 -ed를 떠올리고, 진행의 의미를 전하려면 -ing를 떠올려야 해요.

② 분사를 알아야 시제가 보인다

시제 이름을 보면 그 문장의 모양새를 짐작할 수 있어요.
(1) 영어의 시제 중에서 **'현재진행, 과거진행, 미래진행'** 같은 '진행형'은 반드시 **현재분사(-ing)**로 끝나요.
(2) 영어의 시제 중에서 **'현재완료, 과거완료, 미래완료'** 같은 '완료형'은 반드시 **과거분사(-ed)**로 끝나요.
(3) 영어의 시제 중에서 **'현재완료진행, 과거완료진행, 미래완료진행'**은 어떨까요? 이름이 '진행'으로 끝나므로 틀림없이 **현재분사(-ing)**로 끝나고, 이름에 '완료'가 들어 있으므로 **과거분사(-ed)**도 포함되어 있다는 것을 알 수 있어요.

* 과거분사는 -ed로만 끝나지 않고 그 형태가 다양하지만, -ed가 가장 많이 쓰이는 형태이기 때문에 위와 같이 표기했습니다.

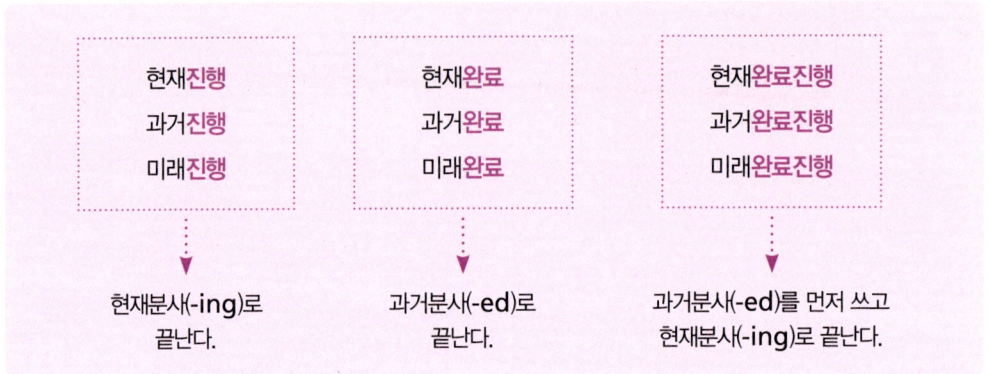

영어의 12시제 중 위 9개의 시제는 분사(현재분사, 과거분사)를 포함하고 있습니다. 즉, 9개의 시제가 -ing 나 -ed로 끝난다는 뜻이에요. 따라서 분사를 모르면 시제를 이해할 수 없어요.

③ 동사 have의 네 가지 쓰임

영어의 시제를 이해하기 위해서는 have에 대해서 잘 알아야 합니다. 영어에는 모두 몇 가지 종류의 have 가 있을까요? have는 다음과 같이 네 가지 종류로 쓰여요.

(1) 일반동사: have + 명사 (가지고 있다, 먹다)

> I **have** friends. 나는 친구들을 가지고 있다. (나는 친구들이 있다.)
> I **have** a snack. 나는 간식을 먹는다.

have 뒤에 명사를 써서 '가지고 있다, 먹다'라는 뜻으로 쓰이는 경우예요.

(2) 사역동사: have + 사람 + 동사원형 (~를 ~하게 하다/시키다)

> I **have** him go. 나는 그를 가도록 시킨다.

다른 사람에게 노동(일)을 시킬 때 쓰는 단어인 have, make, let을 '사역동사'라고 해요. 이때 have는 '시키다, ~하게 하다'라는 뜻이에요.

(3) 조동사: have to + 동사원형 (반드시 ~해야만 한다)

> We **have to** go. 우리는 가야만 한다.

have와 to를 함께 쓴 have to는 '반드시/꼭 ~해야만 한다'라는 뜻으로 쓰입니다.

(4) 현재완료: have + 과거분사 (현재까지 ~했다)

> I **have** finish**ed** the work. 나는 (현재까지) 그 일을 끝냈다.

have 뒤에 과거분사를 쓰면 '(조금 전에/방금 전까지/현재까지 막) ~했다'라는 뜻으로 쓸 수 있습니다.

문장에서 have가 보이면 위 네 개 중에 하나로 쓰였다고 보면 됩니다. have 뒤에 명사가 보이면 **(1)**번처럼 '가지고 있다, 먹다'의 뜻으로 쓰인 것이고, have 뒤에 '사람+동사원형'이 나오면 **(2)**번처럼 '시키다'라는 뜻으로 쓰인 거예요. have 뒤에 to가 나와서 have to의 형태가 보이면 **(3)**번처럼 '반드시 ~해야만 한다'라는 뜻으로 쓰인 것이고, have 뒤에 과거분사가 보이면 **(4)**번처럼 '현재까지 ~했다'라는 뜻으로 쓰인 거예요. **(4)**번의 경우에 대해서는 아래에서 좀 더 설명할게요.

④ <have + 과거분사>의 이름은 '현재완료'

'난 그 일을 현재까지 막 끝냈다'라고 말하고 싶으면 일단 I 뒤에 '현재까지 ~했다'라는 뜻을 가진 have를 씁니다. I have 뒤에는 뭘 써야 할까요? have가 동사이므로 그 뒤에 동사를 또 쓸 수는 없어요. '끝냈다'는 것은 '완료'이므로, '완료'의 의미를 전달하는 과거분사를 써서 have finished라고 하면 '현재까지 끝냈다'라는 뜻이 됩니다.

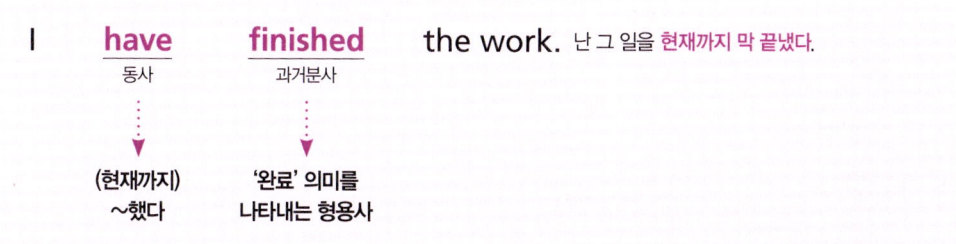

뒤에 있는 과거분사 finished(끝마쳐진)는 내용을 전달하는 역할을 할 뿐이고 동사의 역할은 have가 하고 있어요. 그런데 과거분사 finished(끝마쳐진:완료)가 과거동사 finished(끝냈다)와 모양이 같다 보니 사람들이 이를 동사로 오해하기도 해요. 하지만 과거분사 finished는 동사가 아니라 형용사예요.

have finished는 〈have+과거분사〉의 구조입니다. 〈have+p.p.〉라는 말을 많이 들어 봤을 거예요. 과거분사를 p.p.라고 하므로 〈have+p.p.〉는 〈have+과거분사〉를 말하는 겁니다. 이러한 〈have+과거분사〉 형태를 **'현재완료'**라고 부릅니다.

$$\text{have + 과거분사 = have + p.p.} \rightarrow \text{현재완료}$$
(현재까지 ~했다)

다음 Lesson에서 현재완료에 대해 좀 더 자세히 알아보도록 해요.

개념 정리 Quiz

1 다음 설명 중 틀린 것을 고르세요.

① 영어에서 -ing는 '진행'의 의미를 나타낸다.
② 영어에서 -ed는 '완료'의 의미를 나타낸다.
③ 분사와 시제는 밀접한 연관을 가지고 있다.
④ '현재까지 ~했다'라고 하려면 have 뒤에 현재분사를 쓴다.

2 다음 중 과거분사가 주요 역할을 하는 시제를 고르세요.

① 단순과거　　② 현재진행　　③ 현재완료　　④ 과거진행

3 다음 중 현재분사가 들어가지 않는 시제를 고르세요.

① 현재완료　　② 과거진행　　③ 미래진행　　④ 현재진행

4 have의 각 쓰임에 해당하는 뜻을 쓰세요.

(1) 일반동사 have: _____
(2) 사역동사 have: _____
(3) 조동사 have to: _____
(4) 현재완료 have: _____

5 다음 중 have와 has의 쓰임이 다른 하나를 고르세요.

① I have a car.
② She has prepared for it.
③ We have what we need.
④ It has its own style.

6 다음 중 have와 has의 쓰임이 다른 하나를 고르세요.

① I have made it.
② Who has opened the window?
③ She has many used computers.
④ They have established the institute.

* used 중고의　establish 설립하다　institute 기관

Practice

A 현재분사와 과거분사를 찾아서 밑줄을 치고, 문장을 해석하세요.

1. Look at the birds! They are flying peacefully.   * peacefully 평화롭게
   → _____

2. He was snoring all night because he was very tired.   * snore 코를 골다
   → _____

3. Why don't you use this soothing cream for your sunburn?   * sooth 진정시키다 sunburn 화상
   → _____

4. I have listened to the recorded music over and over again.   * record 녹음하다
   → _____

5. The floor was wiped by the crawling baby.   * wipe 닦다 crawl (네 발로) 기다
   → _____

B have를 이용해서 다음을 영어로 옮기세요.

6. 나는 피자와 콜라를 같이 먹는 것을 좋아해요. (like to, together) [현재]
   → _____

7. 우리 모두는 꿈을 가지고 있어요. (all, dream) [현재]
   → _____

8. 네가 나를 여기 오게 했잖아. (come, here) [과거]
   → _____

9. 나는 오늘 일해야만 해요. (work, today) [현재]
   → _____

10. 그들은 막 도착했어요. (just, arrive) [현재완료]
    → _____

알고 싶다, 현재완료

현재완료에 대해서 본격적으로 알아보고, 현재완료를 이용해 영작하는 연습도 해 봐요.
또한 분사와 시제의 관계에 대해서 살펴보면서 영어의 12시제를 정리해 봐요.

① 과거분사는 동사가 아니다

'나는 현재까지 ~했다'라고 말하고 싶으면 일단 I 뒤에 '현재까지 ~했다'라는 뜻을 가진 have를 씁니다.

　　　나는 (현재까지) ~했다　　　　I have...

'나는 현재까지 사용했다'라고 하려면 어떻게 해야 할까요? I have 뒤에 '사용한'이라는 의미를 덧붙여야 합니다. '사용한'은 완료의 느낌이므로 '사용하다'라는 뜻의 동사 use의 과거분사인 used를 쓰면 됩니다.

　　　나는 (현재까지) ~했다　　　　I have...
→　나는 (현재까지) 사용했다.　　　I have used.
→　나는 (현재까지) 자동차들을 사용했다.　I have used cars.

이때 used를 동사로 착각하면 안 됩니다. 이 문장에서 동사는 have(현재까지 ~했다)이고, used는 '사용한'이라는 뜻의 과거분사, 즉 형용사입니다.

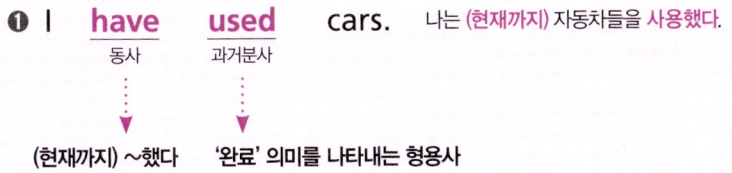

다음 문장을 보면 used가 동사가 아니라 형용사라는 것을 잘 알 수 있어요.

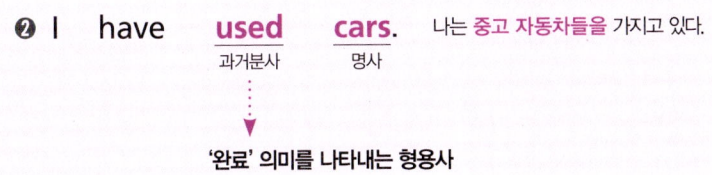

used car는 '사용된 차', 즉 '중고차'를 의미합니다. 여기서 과거분사 used(사용된, 중고의)는 명사를 꾸며 주는 형용사 역할을 하고 있어요. used가 이렇게 사용될 수 있는 것은 과거분사가 형용사이기 때문입니다. ❶번과 ❷번에서 사용된 used는 동일한 과거분사(형용사)입니다.

그럼 대화할 때 위 두 문장을 어떻게 구분할 수 있을까요? ❶번의 경우에는 have used를 한 덩어리로 묶어서 말하고, ❷번의 경우에는 used cars를 한 덩어리로 묶어서 말합니다.

② 현재완료와 과거완료

다음 문장의 시제는 이름이 무엇일까요?

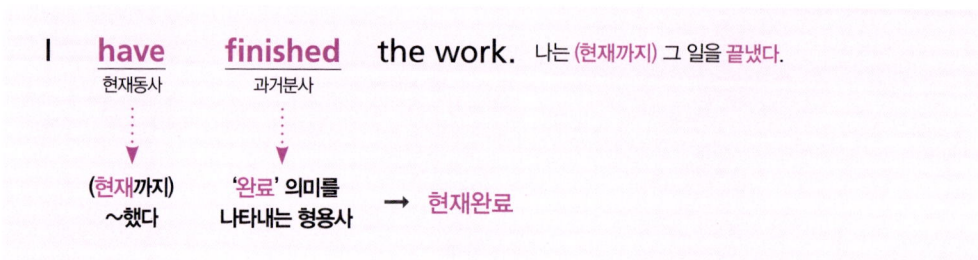

동사 have가 '현재까지 ~했다'는 의미이고, 뒤에 붙은 과거분사가 '완료'의 의미를 나타내기 때문에 이 시제의 이름은 **'현재완료'**입니다.

만약 have를 과거형인 had로 바꾸면 어떻게 될까요?

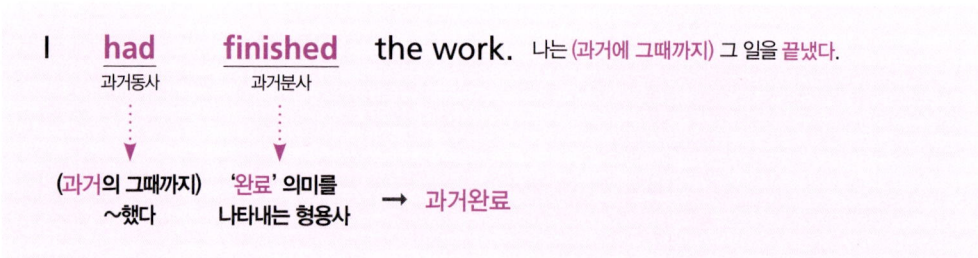

have의 과거형인 had를 써서 〈had+과거분사〉의 형태가 되면 이것은 '과거의 그때까지 ~했다'라는 뜻의 **'과거완료'**가 됩니다.

현재완료 문장 만들기

이제 〈have+과거분사〉를 이용해서 현재완료 문장을 만들 수 있겠죠? 다음 우리말을 영어로 표현해 보세요.

❶ 나는 (현재까지) ~했다   I have...
→ 나는 (현재까지) 페인트칠했다.   I have painted.
→ 나는 (현재까지) 문을 페인트칠했다.   I have painted doors.

have 뒤에 과거분사 painted를 붙여서 have painted라고 하면 '현재까지 페인트칠했다'는 뜻이 됩니다.

❷ 그는 (현재까지) ~했다   He has...
→ 그는 (현재까지) 주선했다.   He has arranged.
→ 그는 (현재까지) 그 모임을 주선했다.   He has arranged the meeting.

He arranged the meeting.은 '그는 (과거에) 모임을 주선했었다'는 뜻이고, He has arranged the meeting.은 '그는 (현재까지) 모임을 주선했다.'는 뜻이에요. 첫 번째 문장에서 arranged는 동사이고, 두 번째 문장에서 has와 함께 쓴 arranged는 과거분사(형용사)입니다.

❸ 그녀는 (현재까지) ~했다   She has...
→ 그녀는 (현재까지) 타이핑했다.   She has typed.
→ 그녀는 (현재까지) 그 보고서를 타이핑했다.   She has typed the paper.

'현재까지 타이핑했다'는 have 뒤에 과거분사 typed를 붙여서 have typed라고 하면 됩니다.

❹ 우리는 (과거의 그때까지) ~했다   We had...
→ 우리는 (과거의 그때까지) 도왔다.   We had helped.
→ 우리는 (과거의 그때까지) 서로를 도왔다.   We had helped each other.

'과거의 그때까지 ~했다'이므로 have가 아니라 had를 써야 해요. had 뒤에 과거분사 helped를 붙인 had helped는 과거완료로서 '(과거의) 그때까지 도왔다'라는 뜻이 됩니다.

❺ 그 버스가 (현재까지) ~했다   The bus has...

그 버스가 (현재까지) 도착했다.   The bus has arrived.

그 버스가 (현재까지) 정시에 도착했다.   The bus has arrived on time.

그 버스가 (현재까지) 예정된 시간에 도착했다.   The bus has arrived on the scheduled time.

두 번째 문장의 arrived도 과거분사이고, 네 번째 문장의 scheduled도 과거분사예요. 그런데 arrived는 현재완료를 만들기 위해서 쓰였고, scheduled는 명사 time을 꾸며주는 형용사로 쓰였어요. 과거분사는 이렇게 '현재완료'로 쓰이거나 '명사를 꾸며주는 형용사'로 쓰일 수 있습니다. 앞으로는 글을 쓰거나 말을 할 때 현재완료 문장을 자주 사용해 보세요.

④ 분사가 영향을 미치는 7가지 문법

과거분사와 현재분사가 영향을 주는 문법에는 무엇이 있는지 정리해 봐요.

(1) be동사 + 과거분사 → 수동태

be동사와 과거분사가 만나면 '수동태'가 만들어집니다. 수동태는 be동사의 시제에 따라 '현재수동태'와 '과거수동태'로 나뉩니다.

❶ It **is** chang**ed**.   ◯ am/are/is+과거분사(-ed) → 현재수동태
   그것은 변경된다[바뀐다].

❷ It **was** repair**ed**.   ◯ was/were+과거분사(-ed) → 과거수동태
   그것은 수리되었다.

(2) be동사 + 현재분사 → 진행형

be동사와 현재분사가 만나면 '진행형'이 만들어집니다. 진행형은 be동사의 시제에 따라 '현재진행형'과 '과거진행형'으로 나뉩니다.

❶ **It is chang*ing*.**   ○ am/are/is+현재분사(-ing) → 현재진행형
그것은 변하고[바뀌고] 있다.

❷ **I was wait*ing*.**   ○ was/were+현재분사(-ing) → 과거진행형
나는 기다리고 있었다.

(3) have + 과거분사 → 현재완료

have 동사와 과거분사가 만나면 '현재완료'가 만들어집니다. have 대신 과거동사 had를 쓰면 '과거완료'가 됩니다.

❶ **It has chang*ed*.**   ○ have/has+과거분사(-ed) → 현재완료형
그것은 (현재까지) 바뀌었어요[달라졌어요].

❷ **I had sav*ed*.**   ○ had+과거분사(-ed) → 과거완료형
나는 (과거 특정 시점까지) 저축을 했었다.

(4) 분사 자체가 명사를 꾸미는 '형용사' 역할을 하는 경우

과거분사와 현재분사가 나타나면서 많은 형용사가 새롭게 등장했어요. 즉, -ed가 붙은 형용사, -ing가 붙은 형용사가 추가된 거죠.

the chang*ed* seat   바뀐 자리
the repair*ed* door   수리된 문
wait*ing* customers   기다리는 손님들
twinkl*ing* eyes   반짝이는 눈

분사를 사용하면 이와 같이 ①현재수동태, ②과거수동태, ③현재진행형, ④과거진행형, ⑤현재완료형, ⑥과거완료형의 문장을 만들 수 있어요. 게다가 분사 자체를 ⑦형용사로 사용해서 명사를 꾸며줄 수도 있어요. 분사는 이렇게 7가지 문법에 영향을 미칩니다. 이후 분사는 미래시제에도 영향을 미쳐서 ⑧미래진행, ⑨미래완료진행에도 사용하게 됩니다.

5 시제 이름 말하기

이제 시제를 구분하는 연습을 해 봐요. 다음 문장들을 보고 각 문장의 시제를 말해 보세요. 문장을 해석할 필요 없이, 각 문장에서 시제를 알려주는 대표적인 단어를 찾아서 해당 시제를 쓰면 됩니다. 예를 들어, -ing가 보이면 '진행형', -ed가 보이면 '완료형'이라고 쓰면 됩니다.

❶ I am working. _____현재진행형_____

❷ He called me. _____

❸ We have talked about this. _____

❹ She was waiting for you. _____

❺ Who will do this? _____

❻ The bus was running too fast. _____

❼ Jim had finished his work. _____

❽ Everybody will have completed the project. _____

❾ The students have been studying English. _____현재완료진행형_____

❿ I will be studying. _____

⓫ I had been trying to learn. _____

⓬ My friend and I will have been enjoying the movie. _____

모두 썼나요? 다음과 같이 썼는지 확인해 보세요.

❶ I **am** work**ing**. ➔ 현재진행형
   나는 일하고 있는 중이에요.

❷ He call**ed** me. ➔ 단순과거형
   그는 나를 불렀어요.

❸ We **have** talk**ed** about this. ➔ 현재완료형
   우리는 (현재까지) 이것에 대해서 얘기를 했다.

❹ She **was** wait**ing** for you. ➔ 과거진행형
   그녀는 너를 기다리고 있었어.

❷번에서 called는 앞에 have가 없으므로 과거분사가 아니라 '과거동사'로 쓰인 거예요.

❺ **Who will do this?** ○ 단순미래형
누가 이것을 할 거지?

❻ **The bus was running too fast.** ○ 과거진행형
그 버스가 너무 빨리 달리고 있었어요.

❼ **Jim had finished his work.** ○ 과거완료형
Jim은 (과거의 그때까지) 그의 일을 끝냈어요.

❽ **Everybody will have completed the project.** ○ 미래완료형
모두가 (미래의 그때쯤) 그 프로젝트를 끝낼 거예요.

❽번을 보면, will은 '미래'이고 have completed는 '현재완료'예요. 이것을 합치면 '미래현재완료'가 됩니다. 그런데 will이 앞에 쓰인 것으로 봐서 이 문장의 주 시제는 '미래'라는 것을 알 수 있어요. 그래서 '현재'를 빼고 '미래완료형'이라고 부릅니다. 정리하면, 〈will have+과거분사〉는 '미래완료' 형태로 '미래의 특정 시점까지 ~했을 것이다'라는 뜻이에요.

❾ **The students have been studying English.** ○ 현재완료진행형
그 학생들은 영어를 공부해 오고 있는 중이에요.

❿ **I will be studying.** ○ 미래진행형
나는 공부하고 있는 중일 거예요.

❾번에서 studying을 보면 '진행형'이라는 것을 알 수 있고, be동사의 과거분사인 been을 보면 '완료'라는 것을 알 수 있어요. have가 현재이므로 have(현재) been(완료) studying(진행)은 '현재완료진행형'입니다. 즉, 〈have been -ing〉는 '현재완료진행' 형태로 '현재까지 계속 ~해 오고 있는 중이다'라는 뜻이에요.

❿번은 진행형 앞에 will이 붙어 있으므로 will(미래) be studying(진행)은 '미래진행형'입니다. 즉, 〈will be -ing〉는 '미래진행' 형태로 '미래에 ~하고 있는 중일 것이다'라는 뜻이에요.

⓫ **I had been trying to learn.** ○ 과거완료진행형
나는 배우려고 애쓰고 있는 중이었어요.

⓬ **My friend and I will have been enjoying the movie.** ○ 미래완료진행형
내 친구와 나는 그 영화를 계속해서 즐기고 있는 중일 거예요.

❶번에서 trying을 보면 '진행형'이라는 것을 알 수 있고, be동사의 과거분사인 been을 보면 '완료'라는 것을 알 수 있어요. had가 과거이므로 had(과거) been(완료) trying(진행)은 '과거완료진행형'입니다. 즉, ⟨had been -ing⟩는 '과거완료진행' 형태로 '과거의 특정 시점까지 계속 ~해 오고 있는 중이었다'라는 뜻이에요.

❷번에서 enjoying을 보면 '진행형'이라는 것을 알 수 있고, be동사의 과거분사인 been을 보면 '완료'라는 것을 알 수 있어요. have는 '현재'이고 will은 '미래'이므로, 이를 모두 합치면 '미래현재완료진행형'입니다. 하지만 will이 앞에 쓰인 것으로 봐서 이 문장의 주 시제는 미래입니다. 그래서 '현재'를 빼고 '미래완료진행'이라고 부르면 됩니다. 정리하면, ⟨will have been -ing⟩는 '미래완료진행' 형태로 '미래의 특정 시점까지 계속 ~하고 있는 중일 것이다'라는 뜻이에요.

6 영어의 12시제

영어는 모두 12개의 시간 개념을 가지고 있어요. 영어의 시제를 정리해 보면 다음과 같이 총 12개입니다.

영어의 12시제			
현재형(단순현재)	현재진행(-ing)	현재완료(-ed)	현재완료(been) 진행(-ing)
과거형(단순과거)	과거진행(-ing)	과거완료(-ed)	과거완료(been) 진행(-ing)
미래형(단순미래)	미래진행(-ing)	미래완료(-ed)	미래완료(been) 진행(-ing)

시제는 크게 현재분사(-ing)가 들어간 시제와 과거분사(-ed)가 들어간 시제로 나누어집니다. 완료형은 과거분사(-ed)의 영향을 받고, 진행형은 현재분사(-ing)의 영향을 받아요. 다음 Lesson에서 12시제에 대해서 좀 더 연습해 보기로 해요.

개념 정리 Quiz

1 다음 설명 중 틀린 것을 고르세요.

① '현재까지 ~했다'라고 말하려면 have와 과거분사가 필요하다.
② 〈have+과거분사〉를 '현재완료'라고 한다.
③ 〈had+과거분사〉를 '과거완료'라고 한다.
④ 〈will+과거분사〉를 '미래완료'라고 한다.

2 과거분사가 영향을 준 문법이 아닌 것을 고르세요.

① 수동태　　　　　　　　② 현재진행
③ 과거완료　　　　　　　④ 현재완료

3 현재분사가 영향을 준 문법이 아닌 것을 고르세요.

① 수동태　　　　　　　　② 현재진행
③ 과거진행　　　　　　　④ 현재완료진행

4 다음과 같이 분사가 영향을 미쳐서 만들어지는 문법 이름을 쓰세요.

(1) be동사 + 현재분사　→　_____
(2) be동사 + 과거분사　→　_____
(3) have동사 + 과거분사　→　_____

5 영어의 12시제 중에서 빠진 것을 모두 쓰세요.

(1) [현재]: 단순현재, _____, 현재완료, _____
(2) [과거]: 단순과거, _____, _____, 과거완료진행
(3) [미래]: 단순미래, 미래진행, _____, _____

6 다음 중 가장 최근에 일어난 일을 고르세요.

① I was ordering.　　　　② I saw.
③ I have cleaned.　　　　④ I accepted.

* accept 받아들이다

7 다음 중 가장 과거에 일어난 일은 무엇인가요?

① They had a talk.
② She was getting better.
③ You have done it.
④ He had registered his domain name.

8 각 문장의 시제를 올바르게 나열한 것을 찾으세요.

> (A) Who will do this?
> (B) It has been raining all day.
> (C) People have waited in line.
> (D) I will have fixed it by the time you arrive here.

	(A)	(B)	(C)	(D)
①	미래진행	현재완료	현재완료진행	미래완료
②	단순미래	현재완료	미래완료	현재완료진행
③	단순미래	현재완료진행	현재완료	미래완료
④	단순미래	현재완료진행	미래완료	현재완료

* register 등록하다   by the time ~할 때까지[때쯤]

Practice

A 완료형임을 알려주는 부분을 찾아서 밑줄을 치고, 문장을 해석하세요.

1. She has updated more pictures.   *update 업데이트하다
   → _____

2. No one has noticed it yet.   *notice 눈치채다
   → _____

3. I have never seen anything like this before.
   → _____

4. He had noticed it.
   → _____

5. They will have been waiting for you by the time you come.
   *by the time ~할 때쯤
   → _____

B 주어진 시제에 맞춰 다음을 영어로 옮기세요.

6. 아무 일도 일어나지 않았다. [현재완료] (nothing, happened)
   → _____

7. 저는 당신에 관해서 들었어요. [현재완료] (heard, about)
   → _____

8. 그것은 방금 시작했어요. [현재완료] (just, started)
   → _____

9. 나는 그때까지 그것을 본 적이 없었어. [과거완료] (never, seen, until then)
   → _____

10. 나는 세 시간 동안 앉아서 타이핑을 하고 있는 중이야. [현재완료진행] (sitting, typing)
    → _____

LESSON 44
밝혀지는 시제의 비밀 -ed와 -ing

앞에서 분사와 시제의 관계에 대해 알아보고 영어의 12시제를 정리해 봤어요.
이번에는 영어 문장을 보고 시제를 한눈에 파악할 수 있을 때까지 시제 구분하는 연습을 해 봐요.

❶ 영어의 12시제 복습하기

영어는 모두 12개의 시간 개념을 가지고 있어요.

영어의 12시제			
현재형(단순현재)	현재진행(-ing)	현재완료(-ed)	현재완료(been) 진행(-ing)
과거형(단순과거)	과거진행(-ing)	과거완료(-ed)	과거완료(been) 진행(-ing)
미래형(단순미래)	미래진행(-ing)	미래완료(-ed)	미래완료(been) 진행(-ing)

모든 완료형은 '완료'의 의미를 갖는 과거분사(-ed)로 끝나고, 모든 진행형은 '진행'의 의미를 갖는 현재분사(-ing)로 끝납니다. 영어 문장을 읽을 때 동사 부분이 -ing로 끝나면 진행형의 일종이고, -ed로 끝나면 완료형의 일종이라고 보면 됩니다.

❷ 문장 속 시제 파악하기

시제 용어에 익숙해지면 영어에 자신감이 생깁니다. 각 문장들을 보고 밑줄 친 부분이 어떤 시제를 나타내는지 말해 보세요.

❶ I <u>am taking</u> a swimming course. ◐ am(be동사 현재형) + -ing(현재분사) → 현재진행형
나는 수영 강습을 받고 있다.
* course 강습, 수업

❷ She <u>is taking</u> the same course. ◐ is(be동사 현재형) + -ing(현재분사) → 현재진행형
그녀도 똑같은 강습을 받고 있다.

❸ All the students <u>were demonstrating</u> their skills.
◐ were(be동사 과거형) + -ing(현재분사) → 과거진행형
모든 학생들이 자신의 기술을 보여 주고 있었다.
* demonstrate 보여 주다, 시범을 보이다

❹ Some lucky students will be receiving extra credits.
◐ will(미래형 조동사) + be + -ing(현재분사) → 미래진행형

몇몇 운 좋은 학생들은 가산점을 받을 것이다.
* extra credit 가산 점수

❶~❹번은 동사 부분이 -ing로 끝나는 것을 볼 때 모두 '진행형'이라는 것을 알 수 있어요. be동사가 현재형인지 과거형인지, 혹은 be동사 앞에 will이 붙었는지에 따라 '현재진행형, 과거진행형, 미래진행형'으로 구분하면 됩니다.

❺ She has looked at me.　◐ has(현재형) + -ed(과거분사) → 현재완료형
그녀는 나를 바라보았다.

❻ I have ignored her.　◐ have(현재형) + -ed(과거분사) → 현재완료형
나는 그녀를 무시했다[못 본 척했다].
* ignore 무시하다, 못 본 척하다

❼ Other students will have continued swimming.
◐ will(미래형 조동사) + have + -ed(과거분사) → 미래완료형
다른 학생들은 수영을 계속할 것이다.

❺~❼번은 동사 부분이 -ed로 끝나는 것을 볼 때 모두 '완료형'이라는 것을 알 수 있어요. have 동사가 현재형인지 과거형인지, 혹은 have 동사 앞에 will이 붙었는지에 따라 '현재완료형, 과거완료형, 미래완료형'으로 구분하면 됩니다.

❽ They have no idea about what is happening.
◐ have → 단순현재형
◐ is(be동사 현재형) + -ing(현재분사) → 현재진행형
그들은 무슨 일이 일어나고 있는지에 대해 전혀 모른다.

❾ We have been in the swimming pool for almost 3 hours.
◐ have(현재형) + been(과거분사) → 현재완료형
우리는 거의 세 시간 동안 수영장 안에 있었다.

❿ Everybody was exhausted.　◐ was(be동사 과거형) + -ed(과거분사) → 과거수동태
모든 사람들은 완전히 지쳤다.
* exhausted 완전히 지친, 기진맥진한

❾번의 been은 be동사의 과거분사예요. 그래서 have been은 〈have+과거분사〉 형태이므로 '현재완료형'입니다. ❿번의 was exhausted는 〈be동사+과거분사〉는 수동태인데, was가 과거형이므로 '과거수동태'입니다.

⓫ The visitors have been watching us.
◐ have(현재형) + been(과거분사) + -ing(현재분사) → 현재완료진행형

방문객들이 우리를 (현재까지) 지켜보고 있는 중이다.   * visitor 방문객

⓬ They had been supporting the physical education course for 25 years.
◐ had(과거) + been(과거분사) + -ing(현재분사) → 과거완료진행형

그들은 25년 동안 체육 수업을 지원해 오고 있었다.   * physical education 체육

⓫번에서 have는 현재형이고, been은 '완료'를 나타내고, -ing는 '진행'을 나타내요. 그래서 have been watching은 '현재완료진행'입니다. 즉, 〈have been -ing〉는 현재완료진행으로서 '현재까지 계속 ~해 오고 있는 중이다'라는 뜻이에요.

⓬번은 ⓫번과 같은 구조인데 have 대신 had를 쓴 것만 달라요. 따라서 '과거완료진행'이에요. 즉, 〈had been -ing〉는 과거완료진행으로서 '과거의 특정 시점까지 계속 ~해 오고 있는 중이었다'라는 뜻이에요.

⓭ They were from the committee.   ◐ were → 단순과거형

그들은 그 위원회에서 나왔다.(그들은 그 위원회 출신이었다.)   * committee 위원회

⓮ The woman next to me tells me something.   ◐ tells → 단순현재형

내 바로 옆에 있는 여자가 나에게 뭔가를 말한다.

⓯ She said to me, "You have something on your face."
◐ said → 단순과거형   have → 단순현재형

그녀는 나에게 말했다. "얼굴에 뭐 묻었어요."

⓰ She walked backward(s).   ◐ walked → 단순과거형

그녀는 뒤로 물러섰다(뒷걸음쳤다).   * backward(s) 뒤로

⓭부터 ⓰번 문장에는 분사가 전혀 없어요. 이렇게 동사만 있는 것을 시제에 따라 '단순현재형, 단순과거형, 단순미래형'이라고 합니다.

⓱ We were walking toward the visitors after the demonstrating.
◐ were(be동사 과거형) + -ing(현재분사) → 과거진행형

우리는 시범을 보인 후에 방문객들 쪽으로 걸어가고 있었다.

⓲ I did not know what she was saying.
◐ did not know → 단순과거형
◐ was(be동사 과거형) + -ing(현재분사) → 과거진행형

나는 그녀가 무엇을 말하고 있었는지 몰랐다.

⑲ **Everything was finished.**　　◉ was(be동사 과거형) + -ed(과거분사) → 과거수동태
　　모든 게 끝났다.

⑳ **She pointed at my forehead.**　　◉ 단순과거형
　　그녀는 내 이마를 가리켰다.　　　　　　　　　　　　　　　　　* forehead 이마

㉑ **It was snot from the nose.**　　◉ 단순과거형
　　그것은 코에서 나온 콧물이었다.　　　　　　　　　　　　　　* snot 콧물

㉒ **She has been trying to tell me the snot on my face.**
　　　　　　　◉ has(현재형) + been(과거분사) + -ing(현재분사) → 현재완료진행형
　　그녀는 내 얼굴에 묻어 있는 콧물을 나에게 말해 주려고 했던 것이다.

㉓ **Everybody has noticed the snot.**　　◉ has(현재형) + -ed(과거분사) → 현재완료형
　　모든 사람들이 그 콧물을 알아챘다.

㉔ **I will have been suffering from this painful experience.**
　　◉ will(미래형 조동사) + have(현재형) + been(과거분사) + -ing(현재분사) → 미래완료진행형
　　나는 이 고통스러운(창피한) 경험으로 계속 괴로워할 것이다.　　* suffer 고통받다, 괴로워하다

㉔번은 무척 복잡해 보이지만 하나씩 따져 보면 그렇게 어렵지 않아요. **will**은 '미래', **have**는 '현재', **been**은 '완료', **-ing**는 '진행'을 나타내요. 이것을 모두 합치면 '미래현재완료진행'이에요. '현재'와 '미래'라는 두 가지 시제가 부딪히는데 앞에 있는 **will**이 주 시제이므로 현재를 지우고 '미래완료진행형'이라고 하면 됩니다. 즉, 〈**will have been -ing**〉는 미래완료진행으로서 '계속 ~하고 있는 중일 것이다'라고 해석하면 됩니다.

이제 문장의 시제를 파악하는 데 좀 익숙해졌나요? 모든 영어 문장은 이 12개 시제 안에서 만들어집니다.

개념 정리 Quiz

1 영어의 12시제 중 과거분사로 끝나는 시제를 모두 쓰세요.

→ _____

2 영어의 12시제 중 현재분사로 끝나는 시제를 모두 쓰세요.

→ _____

3 각 문장의 시제가 무엇인지 쓰세요.

(1) Are you talking to me? → _____

(2) I was taking a rest in the lobby. → _____

(3) She will be here soon. → _____

(4) The sun has risen. → _____

(5) I have worked enough. → _____

(6) Everything is going smoothly. → _____

(7) It has been working well. → _____

4 괄호에서 글의 내용상 더 적합한 표현을 고르세요.

> Time (1) (came / has come). We have to go. We promise that we (2) (come back / will come back) soon. Until then, be strong and take care of yourself. You (3) (show / have shown) your strength so far and we believe that you can make it.

* risen rise(떠오르다)의 과거분사 smoothly 부드럽게, 순조롭게 strength 힘 so far 지금까지

Practice

A 시제를 나타내는 부분에 밑줄을 치고, 문장을 해석하세요.

1. Who was there with you?
   → _____

2. The medicine will help your fever. * fever 열
   → _____

3. They have waited for me for many days.
   → _____

4. They were laughing and laughing.
   → _____

5. She had decorated her room. * decorate 꾸미다
   → _____

B 주어진 시제에 맞춰 다음을 영어로 옮기세요.

6. 나는 전에 그것을 본 적이 있어. [현재완료] (seen, before)
   → _____

7. 그녀가 그걸 말했었어. [과거완료] (said, it)
   → _____

8. 그들은 사람들로부터 의견을 모으고 있어요. [현재진행] (collecting, opinion, from)
   → _____

9. 우리에게 무슨 일이 생길까? [단순미래] (what, happen)
   → _____

10. 나는 꿈꾸고 있는 중이었어. [과거진행] (dreaming)
    → _____

쓰고 싶은 시제 마음대로 쓰기

영어의 12시제를 나타내는 문법 용어가 더 이상 낯설지 않을 거예요.
상황에 따라 영어의 12시제를 자유자재로 구사할 수 있도록 충분히 연습해 봐요.

1 영어 12시제의 구조 쓰기

영어 12시제의 이름을 보고 구조를 써 보세요. 시제의 이름이 '~진행'으로 끝나는 것은 -ing로 끝나고, 시제의 이름이 '~완료'로 끝나는 것은 -ed로 끝나는 것을 염두에 두면서 써 보세요.

	시제	구조
1	현재**진행**	am/are/is + -ing
2	과거**진행**	
3	미래**진행**	
4	현재**완료**	
5	과거**완료**	
6	미래**완료**	
7	현재완료**진행**	
8	과거완료**진행**	
9	미래완료**진행**	
10	단순현재	
11	단순과거	
12	단순미래	

영어 12시제의 구조 암기하기

다음과 같이 썼는지 확인해 보세요. 각 시제의 구조를 완벽하게 파악하고 나면 영어 글을 읽을 때 시제 부분이 한 덩어리로 눈에 들어오면서 독해가 훨씬 수월해질 겁니다.

	시제	구조	예문
1	현재**진행**	am/are/is + -ing	I **am** study**ing**. 나는 공부하고 있다. You **are** go**ing**. 너는 가고 있다. She **is** work**ing**. 그녀는 일하고 있다.
2	과거**진행**	was/were + -ing	I **was** wait**ing**. 나는 기다리고 있었다. You **were** sing**ing**. 너는 노래 부르고 있었다.
3	미래**진행**	will be + -ing	I **will be** study**ing**. 나는 공부하고 있을 것이다.
4	현재**완료**	have/has + -ed	I **have** stud**ied**. 나는 공부해 왔다. He **has** help**ed** me. 그는 나를 도와 왔다.
5	과거**완료**	had + -ed	I **had** stud**ied**. 나는 공부해 왔었다. He **had** work**ed**. 그는 일해 왔었다.
6	미래**완료**	will have + -ed	I **will have** finish**ed**. 나는 (미래의 그때까지) 끝마칠 것이다.
7	현재완료**진행**	have/has been + -ing	I **have been** study**ing**. 나는 계속 공부해 오고 있다. She **has been** work**ing**. 그녀는 계속 일해 오고 있다.
8	과거완료**진행**	had been + -ing	I **had been** tell**ing**. 나는 계속 얘기해 오고 있었다.
9	미래완료**진행**	will have been + -ing	I **will have been** consider**ing**. 나는 계속 생각하고 있을 것이다.
10	단순현재	동사의 현재형(동사원형)	I **register**. 나는 등록한다.
11	단순과거	-ed 또는 불규칙 과거형	I chang**ed**. 나는 바꿨다. I **ran**. 나는 달렸다.
12	단순미래	will + 동사원형	I **will** accept. 나는 받아들일 것이다.

3 글 속에서 시제 파악하기 - Test

영어로 된 글을 읽으면서 시제가 얼마나 잘 보이는지 확인해 봐요. 각 문장을 읽고 사용된 시제를 말해 보세요. 해석이 정확하게 안 되더라도 시제가 무엇인지 감이 오면 잘하고 있는 겁니다.

Many people are interested in hypnology. Researchers have experimented both real and fake hypnotized people. The test has paid approximately 7,000 dollars to the fake people and has asked them to pretend like real hypnotized people. Experimenters will pay 1,000 dollars in case of any physical hurts.

The researchers have compared the differences between these people. The researchers have asked both groups to drink poisoned juice. Real hypnotized people have taken it. Of course, the juice is not poisoned. How about the fake people?

The researchers prepared a green colored drug. They were dripping it on the tip of the subjects' finger. The researchers had informed them that the drug was anesthetic. The researchers pricked the subjects' finger with a needle. The pricked finger was bleeding. The real group said, "No pain!" How about the fake people?

The researchers have continued the test. Hydrochloric acid has been used for the experiment. The subjects are asked to dip their hands in it. The real hypnotized group are hesitating. How about the fake people?

For the last experiment, the researchers have displayed snakes in the vinyl bag. The subjects are asked to grab the head of the snake. Noticeably, people in a hypnotized condition are hesitating. Some have refused it. How about the fake people? This experiment has been proving that our reasoning power does not die out under hypnosis.

④ 글 속에서 시제 파악하기 - 정답

시제 이름을 말해 봤나요? 그럼 이제 한 문장씩 해석하면서 시제를 확인해 보세요.

❶ Many people <u>are interest**ed**</u> in hypnology.
       현재수동태

많은 사람들은 최면학에 흥미가 있다.
* hypnology 최면학

❷ Researchers <u>have experiment**ed**</u> both real and fake hypnotiz**ed** people.
         현재완료   과거분사

연구원들은 진짜 최면에 걸린 사람들과 가짜로 최면에 걸린 사람들을 모두 실험했다.
* experiment 실험하다; 실험 fake 가짜의, 거짓된 hypnotize 최면을 걸다

❸ The test <u>has pa**id**</u> approximately 7,000 dollars to the fake people
      현재완료

and <u>has ask**ed**</u> them to pretend like real hypnotiz**ed** people.
    현재완료   과거분사

그 실험은 가짜인 사람들에게 약 7,000달러를 지불하고는 그들에게 진짜로 최면에 걸린 사람들인 척해 달라고 요청했다.
* approximately 대략 pretend ~인 척하다

❹ Experimenters <u>will pay</u> 1,000 dollars in case of any physical hurts.
            단순미래

실험자들은 어떤 신체적인 상처가 생길 경우에는 1,000달러를 지불할 것이다.

❺ The researchers <u>have compar**ed**</u> the differences between these people.
             현재완료

연구원들은 이 사람들 간의 차이를 비교했다.

❻ The researchers <u>have ask**ed**</u> both groups to drink poison**ed** juice.
             현재완료   과거분사

연구원들은 두 그룹에게 독이 든 주스를 마실 것을 요청했다.
* poison 독을 넣다

❼ Real hypnotiz**ed** people <u>have tak**en**</u> it.
      과거분사   현재완료

진짜로 최면에 걸린 사람들은 그것을 마셨다.

❽ Of course, the juice <u>is not poison**ed**</u>. How about the fake people?
               현재수동태

물론, 그 주스에는 독이 들어 있지 않다. 가짜인 사람들은 어떨까?

❾ The researchers **prepar<u>ed</u>** a green **color<u>ed</u>** drug.
　　　　　　　　단순과거　　　　　　과거분사

연구원들은 초록색이 입혀진 약을 준비했다.

❿ They **were dripp<u>ing</u>** it on the tip of the subjects' finger.
　　　　　단순과거

그들은 실험 대상자들의 손가락 끝에 그것을 뚝뚝 떨어뜨리고 있었다.　　　　* drip 방울방울 떨어뜨리다

⓫ The researchers **had inform<u>ed</u>** them that the drug was anesthetic.
　　　　　　　　　　과거완료

연구원들은 그들에게 그 약이 마취제라고 알려 줬었다.　　　　* anesthetic 마취제

⓬ The researchers **prick<u>ed</u>** the subjects' finger with a needle.
　　　　　　　　단순과거

연구원들은 바늘로 실험 대상자들의 손가락을 찔렀다.　　　　* prick (바늘 끝 등으로) 따끔하게 찌르다

⓭ The **prick<u>ed</u>** finger **was bleed<u>ing</u>**.
　　　　과거분사　　　　　　과거진행

그 찔린 손가락은 피가 흐르고 있었다.

⓮ The real group **sa<u>id</u>**, "No pain!" How about the fake people?
　　　　　　　　단순과거

진짜 그룹은 "아프지 않아요!"라고 말했다. 가짜인 사람들은 어떨까?

⓯ The researchers **have continu<u>ed</u>** the test.
　　　　　　　　　현재완료

연구원들은 실험을 계속했다.

⓰ Hydrochloric acid **has been us<u>ed</u>** for the experiment.
　　　　　　　　　　현재완료수동태

염산이 실험에 사용되었다.　　　　* hydrochloric acid 염산

⓱ The subjects **are ask<u>ed</u>** to dip their hands in it.
　　　　　　　현재수동태

실험 대상자들은 그것에 손을 담그라는 요청을 받는다.　　　　* dip 살짝 담그다

⓲ The real **hypnotiz<u>ed</u>** group **are hesitat<u>ing</u>**. How about the fake people?
　　　　　　과거분사　　　　　　현재진행

진짜로 최면에 걸린 그룹은 망설이고 있다. 가짜인 사람들은 어떨까?

⓭ For the last experiment, the researchers have displayed snakes in the vinyl bag.
현재완료

마지막 실험을 위해서, 연구원들은 비닐봉지 안에 있는 뱀들을 보여 주었다.   * vinyl 비닐

⓴ The subjects are asked to grab the head of the snake.
현재수동태

실험 대상자들은 뱀의 머리를 움켜잡으라는 요청을 받는다.   * grab (와락) 움켜잡다

㉑ Noticeably, people in a hypnotized condition are hesitating.
과거분사   현재진행

눈에 띄게, 최면에 걸린 사람들은 망설이고 있다.

㉒ Some have refused it. How about the fake people?
현재완료

몇몇은 그것을 거부했다. 가짜인 사람들은 어떨까?

㉓ This experiment has been proving that our reasoning power does not die out under hypnosis.
현재완료진행

이 실험은 우리의 추리력/판단력/사고력은 최면 상태에서도 사라지지 않는다는 것을 입증해 오고 있다.
* reasoning power 추리력, 판단력, 사고력

모든 영어 문장의 시제는 12가지 패턴 안에 들어가 있습니다. 따라서 12가지 시제의 패턴들을 익히고 나면 영어 글을 수월하게 읽을 수 있게 됩니다.

개념 정리 Quiz

1 시제의 이름과 시제의 구조를 써 넣어서 다음 표를 완성하세요.

시제의 이름	시제의 구조
현재진행	(1) _____
(2) _____	was/were + -ing
미래진행	(3) _____
(4) _____	have/has + -ed
과거완료	(5) _____
(6) _____	will have + -ed
(7) _____	have/has been + -ing
과거완료진행	(8) _____
(9) _____	will have been + -ing

2 다음 중 완료형 문장이 아닌 것은 무엇인가요?

① You have just said that.
② It has rained all week.
③ They had known it for many years.
④ He has something to say about it.

3 다음 중 시제가 나머지 셋과 다른 하나를 고르세요.

① They have been praying for this.
② Sam has been arguing about it.
③ He has considered for the position.
④ I have been studying English.

* pray 기도하다　argue 논쟁하다　consider 고려하다　position 위치, 직책

4 각 문장들을 주어진 시제로 바꿔 쓰세요.

(1) I finish.
→ [현재완료] _____

(2) They are negotiating.
→ [현재완료진행] _____

(3) The player entered.
→ [과거완료] _____

(4) The businessman has reported the result.
→ [과거완료진행] _____

(5) I will eat then.
→ [미래진행] _____

5 각 빈칸에 차례대로 들어갈 말로 알맞은 것을 고르세요.

> I have _____ so far. I started exercising three months ago and I _____ a day. I will _____ more before the summer comes.

① be exercising   －   haven't missed   －   exercise
② been exercising   －   haven't missed   －   exercise
③ been exercising   －   haven't missing   －   exercised
④ being exercising   －   don't have missed   －   exercised

* negotiate 협상하다   exercise 운동하다; 운동

Practice

A 시제를 나타내는 부분에 밑줄을 치고, 문장을 해석하세요.

1 I will have arrived there by 6 p.m.
→ _____

2 How long have you been waiting?
→ _____

3 He had already packed when I got there.   *pack 짐을 싸다
→ _____

4 I will be waiting for you whether you like it or not.
→ _____

5 I will have been reading the book by the time you come back.
→ _____

B 주어진 시제에 맞춰 다음을 영어로 옮기세요.

6 이 지역은 급격히 변했어요. [현재완료] (area, changed, dramatically)
→ _____

7 당신은 큰 도움이 되었어요. [현재완료] (been, a great help)
→ _____

8 나는 여기에 5년 동안 살아 왔어.(5년째 살고 있어.) [현재완료진행] (living, here, for)
→ _____

9 나는 그들을 세 시간 동안 기다리고 있어요. [현재완료진행] (waiting for, for)
→ _____

10 그 후로 우리는 노력하고 있는 중이에요. [현재완료진행] (since then, trying)
→ _____

C 주어진 문장을 각 시제에 맞게 바꿔 쓰세요.

11 It rains.

(1) [현재진행] _____

(2) [현재완료] _____

(3) [현재완료진행] _____

(4) [과거진행] _____

(5) [과거완료] _____

(6) [과거완료진행] _____

12 Jason and I talk.

(1) [현재진행] _____

(2) [과거진행] _____

(3) [현재완료] _____

(4) [과거완료] _____

(5) [미래] _____

(6) [미래진행] _____

13 We learned.

(1) [과거진행] _____

(2) [미래] _____

(3) [미래진행] _____

(4) [현재진행] _____

(5) [현재완료] _____

(6) [과거완료] _____

14 I have worked on it.

(1) [단순현재] _____

(2) [현재진행] _____

(3) [현재완료진행] _____

(4) [미래] _____

(5) [미래진행] _____

(6) [미래완료진행] _____

우리만 여태 틀렸던 시제 실수들

시제를 열심히 공부하고도 각 시제가 전달하는 정확한 뉘앙스를 구분하지 못해서 어색한 문장을 만들곤 합니다. 일반적으로 시제와 관련하여 자주 하는 실수들에 대해 알아봅시다.

1 헷갈리는 got의 시제

다음 중 시제가 같은 두 문장은 무엇일까요?

❶ I **have got** many letters.
❷ I **have gotten** many letters.
❸ I **have** many letters.

미국 영어의 관점에서 봤을 때 정답은 ❶번과 ❸번입니다. 미국 영어에서 **have got**은 have와 뜻이 같습니다. 그래서 ❶번과 ❸번은 둘 다 '나는 많은 편지를 가지고 있다.'는 뜻이에요. **have got**을 현재완료로 오해하는 사람들이 있는데, 미국 영어에서는 **have gotten**이 현재완료입니다. 따라서 ❶번과 ❸번은 현재형을 나타내고, ❷번은 현재완료를 나타냅니다.

have to를 사용하고자 할 때, have 대신 **have got**을 넣으면 다음과 같습니다.

I **have to** go. 나는 가야만 해.
→ I **have got to** go. 나는 가야만 해. ○ have 대신 have got을 사용
→ I**'ve got to** go. 나는 가야만 해. ○ 빨리 말할 때 줄여서 발음
→ I **gotta** go. 나는 가야만 해. ○ 더 빨리 말할 때 더 줄여서 발음

말을 할 때는 **have got to**를 줄여서 **'ve got to**, 또는 더 줄여서 **gotta**라고 발음합니다. 생활영어에서 자주 듣게 되는 **gotta**는 have to와 같은 의미로 현재 시제를 나타냅니다.

have got to와 **gotta**는 speaking과 writing에 모두 쓸 수 있을까요? 아니에요. **have got to**와 **gotta**는 have to의 speaking 형태로 만들어진 말이에요. 따라서 격식을 갖춘 상황이나 writing에서는 사용하지 않는 것이 좋아요. 다만 친한 사이에 주고받는 편지나 메모처럼 비격식 writing에서는 쓸 수 있어요.

I **have to** go.   ○ Speaking (○)   Formal Writing (○)

I **have got to** go.   ○ Speaking (○)   Formal Writing (×)

I **'ve got to** go.   ○ Speaking (○)   Formal Writing (×)

I **gotta** go.   ○ Speaking (○)   Formal Writing (×)

예문을 좀 더 살펴볼까요?

❹ I **have** some news. 몇 가지 소식이 있어.

❺ I **have got** some news. 몇 가지 소식이 있어.   ○ Speaking Form

❻ I **got** some news. 몇 가지 소식이 있어.   ○ Speaking Form

❹번을 회화체로 바꾸려면 have 대신 have got을 써서 ❺번처럼 말하면 됩니다. have got을 줄여 got만 사용해 ❻번처럼 말할 수도 있습니다. 그런데 ❻번 문장에 쓰인 got을 보면 단순과거시제처럼 보이죠? got은 단순과거시제(get의 과거형)일 수도 있고, have got의 축약 표현(현재형)일 수도 있어요. got이 어느 시제로 쓰였는지는 문장의 앞뒤 내용을 봐야 알 수 있어요.

② 과거형은 과거의 일일 뿐!

다음 문장을 읽고 지금이 무슨 계절인지 맞혀 보세요.

Finally, spring **came**. 마침내 봄이 왔다.

봄? 여름? 가을? 겨울? 모른다? 우리나라 사람들은 '마침내 봄이 왔다.'라는 문장을 들으면 지금이 봄이라고 여깁니다. 하지만 Finally, spring came.이라는 문장을 들은 미국인들은 봄이 온 것도 과거이고 봄이 온 상황이 끝난 것도 과거이므로 지금은 어떤 계절인지 알 수 없다고 여깁니다.

이런 현상은 한국어와 영어가 과거시제를 바라보는 시각이 다르기 때문에 생깁니다. 우리말의 과거시제는 과거의 일이나 상태가 현재에도 그대로 남아 있을 거라는 뉘앙스가 강해요. 그래서 과거시제로 말한 그 상태가 현재도 여전히 그럴 거라고 추측하게 돼요.

하지만 영어의 과거시제는 시작과 끝이 모두 과거의 일일 뿐이므로 현재와 전혀 연결되지 않아요. 다시 말해, 영어 문장에 과거시제를 쓰면 그 시작도 과거이고 끝난 것도 과거이기 때문에 그 후 상황이 어떻게 바뀌었는지, 그래서 현재는 어떤 상태인지 알 수가 없어요.

예문을 통해 확인해 보세요.

I studied English. 나는 영어 공부를 했어요.

이렇게 과거시제로 말하면 영어 공부를 시작한 것도 과거이고 영어 공부를 끝낸 것도 과거이므로 현재는 공부를 하는지 어떤지 알 수가 없어요.

A: When did you meet your boyfriend? 너는 네 남자 친구를 언제 만났어?
B: **I met my boyfriend three years ago.** 나는 내 남자 친구를 3년 전에 만났어.

우리말로 '나는 내 남자 친구를 3년 전에 만났어.'라고 말하면 과거에 만났고 별일 없는 한 현재도 만나고 있다는 의미를 담고 있어요. 하지만 영어로 I met my boyfriend three years ago.라고 과거형으로 말하면 남자 친구를 만난 것도 과거이고(3년 전) 만남이 끝난 것도 과거의 어느 시점이라는 뉘앙스가 강해요. 현재는 어떤 상태인지 알 수가 없어요.

③ 과거와 현재를 연결하는 현재완료

그렇다면 과거에 어떤 일이 시작되었고 현재까지 영향을 미치고 있다면 어떻게 해야 할까요? 바로 그럴 때 쓰는 것이 '현재완료'입니다.

Finally, spring has come. 마침내 봄이 왔다.

come의 과거형은 came이지만 과거분사는 다시 come입니다. has come은 〈has+과거분사〉 형태이므로 '현재완료형'입니다. 위와 같이 현재완료를 써서 말하면 '봄이 현재 막/지금/방금 왔다'라는 의미이므로 현재도 봄이라는 것을 나타냅니다.

이것이 바로 영어의 '과거형'과 '현재완료형'의 차이입니다. 우리말에는 현재완료시제가 없기 때문에 우리는 단순과거시제를 많이 사용합니다. 하지만 영어로 말할 때 어떤 일이 과거에 시작해서 과거에 끝났다면 '과거형'을 사용하고, 과거에 시작해서 현재까지 영향을 미치고 있다면 '현재완료'를 사용해서 정확하게 구분해 줘야 합니다.

영어권에서 과연 현재완료를 많이 쓸까요? 아주 많이 씁니다. 왜냐하면 과거에 일어난 일이 현재까지 영향을 미치는 경우가 생활 속에서 아주 많기 때문입니다. 과거와 현재를 연결시키는 '현재완료'를 적극적으로 사용해 보세요.

다음 두 문장을 비교해 보세요.

> ❶ I **met** my boyfriend. 나는 내 남자 친구를 만났다.
>
> ❷ I **have met** my boyfriend. 나는 내 남자 친구를 만나 왔다.

❶번처럼 단순과거형으로 말하면 과거에 남자 친구를 만났고 그 상황이 끝난 것도 과거이기 때문에 현재까지 그 남자 친구를 만나는지는 알 수가 없어요. 반면 ❷번처럼 현재완료로 말하면 과거에 만난 남자 친구를 현재까지 만나고 있음을 알 수 있어요.

두 개의 시간대가 내용상 서로 연결되어 있으면 '완료형' 시제를 사용하세요. 과거에 있었던 일이 현재에도 영향을 주고 있으면 '현재완료형'을 사용하고, 대과거(과거 이전의 과거)에 있었던 일이 과거와 연관성이 있으면 '과거완료형'을 사용합니다. 완료형 시제는 두 개의 시간대를 연결해 주는 것으로서 사용 빈도가 아주 높습니다. 여러분도 앞으로는 완료형 시제를 더 많이 사용하도록 하세요.

④ 시제에 따라 뉘앙스가 달라지는 always

우리말에서 '항상'과 '맨날'의 차이가 뭘까요? '항상'이 긍정적인 어감이라면, '맨날'은 부정적인 어감을 갖고 있어요. always는 어떤 시제와 사용되는지에 따라 '항상'의 어감을 갖기도 하고 '맨날'의 어감을 갖기도 합니다.

다음 두 문장의 어감 차이는 무엇일까요?

> ❶ You **always open** the door in the morning.
> 너는 **항상** 아침에 그 문을 여는구나.
>
> ❷ You are **always opening** the door in the morning.
> 너는 **맨날** 아침에 그 문을 여는구나.

❶번처럼 always를 현재형과 함께 사용하면 '항상'의 의미이지만, ❷번처럼 always를 진행형과 함께 사용하면 '맨날'의 의미로 전달됩니다. 즉, ❷번의 경우 아침마다 문을 여는 것에 대해서 불평이나 비난을 하는 뉘앙스를 줍니다.

그렇다면 점심시간마다 전화하는 남자 친구에게 어떻게 말해야 할까요?

❸ You **always call** me at lunch time.
너는 항상 점심시간에 나에게 전화를 하는구나.

❹ You **are always calling** me at lunch time.
너는 맨날 점심시간에 나에게 전화를 하는구나.

always를 현재형에 사용한 ❸번은 전화해 줘서 고맙다는 의미인 반면, always를 진행형에 사용한 ❹번은 상대방이 점심시간마다 전화하는 것이 못마땅하다는 뉘앙스를 줍니다. always가 '항상'이라는 긍정적인 의미로 전달될지, '맨날'이라는 부정적인 의미로 전달될지는 always가 어떤 시제와 함께 쓰이는지에 따라서 결정된다는 점을 알아 두세요.

지금까지 시제에서 흔히 겪는 실수를 알아봤습니다. 문법 공부를 열심히 하고도 저지르기 쉬운 실수들이므로 잘 기억해 두세요.

개념 정리 Quiz

1 빈칸에 쓸 수 없는 것을 고르세요.

> I _____ some ideas.   나한테 몇 개의 아이디어가 있다.

① have
② got
③ have got
④ had gotten

2 다음 문장이 의미하는 바로 가장 적합한 것은 무엇인가요?

> She had a long hair.

① 지금도 머리가 길다.
② 지금은 머리가 길지 않다.
③ 지금은 머리가 짧다.
④ 지금도 머리가 긴지는 알 수 없다.

3 다음 문장에 깔린 감정을 바르게 말한 것은 무엇인가요?

> My parents are always waking me up early in the morning.

① 좋다.
② 상관없다.
③ 싫다.
④ 좋을 때도 있고 싫을 때도 있다.

4 둘 중 어감을 바르게 전달하는 것을 고르세요.

(1) 나는 전에도 가죽 소파를 가지고 있었고 지금도 가지고 있다.

I (had / have had) the leather sofa.

(2) 나한테 해결책이 있다.

I (got / had) a solution.

(3) 그녀는 맨날 내가 어디 있는지 물어봐. (불평하는 뉘앙스)

She (always asks / is always asking) where I am.

(4) 그는 5년 전에 여자 친구를 만났다. (지금도 계속 만나는지는 모른다.)

He (met / has met) his girlfriend five years ago.

Practice

A 시제를 나타내는 부분을 모두 찾아서 밑줄을 치고, 문장을 해석하세요.

1 Spring has gone and summer has come.
   → _____

2 He came back to his house an hour ago. I don't know if he is still in the house or not.
   → _____

3 She has come back to her house. I am sure she is still in the house.
   → _____

4 I started teaching eleven years ago. I am still teaching. I have been teaching for eleven years.
   → _____

5 I am always forgetting something.
   → _____

B 시제나 어감에 주의하면서 다음을 영어로 옮기세요.

6 우리는 여분의 돈을 좀 가지고 있어. [회화체] (extra)
   → _____

7 나는 어제 너를 보고 싶었어. (wanted, see) [과거]
   → _____

8 나는 (과거부터 지금까지) 너를 보기를 원해 왔어. (wanted, see) [현재완료]
   → _____

9 나는 오후에는 항상 거기에 있어. (am, there, afternoon) [현재]
   → _____

10 사람들이 맨날 여기에 음식물 쓰레기를 버려. [불평·불만] (throwing, food waste) [현재진행]
   → _____

LESSON 46

이렇게 길게 써질 수가!

누구나 영어를 더 길게 쓰고 싶을 겁니다. 짧은 영어에서 긴 영어로 가는 방법은 그렇게 어렵지 않아요. 간단한 방법 몇 가지만 알면 순식간에 영어를 길게 쓸 수 있답니다.

1. 영어 문장을 길게 쓰기 위한 밑바탕

(1) 가장 이상적인 단어 배열로 문장을 만든다.

영어 문장을 쓸 때는 〈명사+동사+명사〉를 쓰고, 그 뒤에 〈전치사+명사〉를 쓰는 것이 가장 이상적인 순서라고 했어요. 그래서 영어를 '전치사를 많이 사용하는 SVO언어'라고 부릅니다.

```
    명사 + 동사 + 명사        /        전치사 + 명사
    ─────────────                     ─────────────
    필수적인 부분(Essential Part)      부가적인 부분(Additional Part)
    (빠지면 문법이 틀리게 됨)           (빠져도 문법이 틀리지 않음)
```

〈명사+동사+명사〉는 빼면 안 되는 '필수적인 부분'이고, 〈전치사+명사〉는 빼도 문법에 지장을 주지 않는 '부가적인 부분'이에요. 이 순서에 맞춰서 문장을 만들어 볼까요?

```
   명사  +  동사  +  명사    /   전치사  +  명사
    I      saw     you    /    on     the street.
```

(2) 가장 많이 쓰이는 품사는 '명사'이다.

문장에서 가장 많이 쓰이는 품사는 무엇일까요?

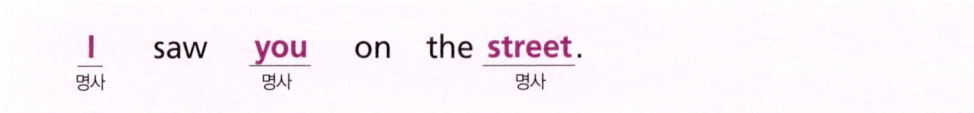

가장 이상적인 단어 배열에서 한 문장에 명사가 세 번 등장하는 것만 봐도 알 수 있듯이 영어 문장에서 가장 많이 쓰이는 품사는 명사예요. 영어의 전체 단어 중에서 개수가 가장 많은 품사도 명사입니다.

(3) 명사를 꾸며서 문장 길이를 늘인다.

문장의 길이를 늘이고 싶을 때 추가 요소를 어디에 끼워 넣는 것이 좋을까요? 명사의 개수가 가장 많으므로 명사의 앞이나 뒤에 끼워 넣는 것이 가장 효과적입니다.

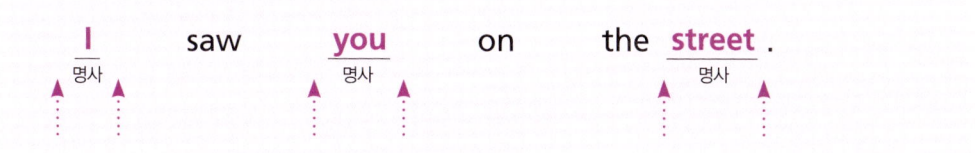

(4) 끼워 넣는 표현은 문법에서 자유롭다.

명사의 앞이나 뒤에 끼워 넣는 표현이 가지는 특징은 빼도 지장이 없다는 겁니다. 넣고 싶으면 넣고, 빼고 싶으면 빼도 되는 성격을 가지고 있어요.

2 첫 번째 방법 - 명사 앞에 형용사 넣기

명사를 꾸며주는 것은 무엇일까요? 바로 '형용사'입니다. 명사 앞에 형용사를 끼워 넣으면 문장의 길이도 길어지고 내용도 자세해지고 결과적으로 글의 수준도 높아집니다.

우선 가장 이상적인 단어 배열에 맞춰서 문장을 만들어요.

명사 + 동사 + 명사 / 전치사 + 명사
Students memorize words for the test.
학생들은 시험을 위해서 단어를 외운다.

이 문장에는 세 개의 명사가 있어요. 각 명사 앞에 형용사를 넣어 봐요.

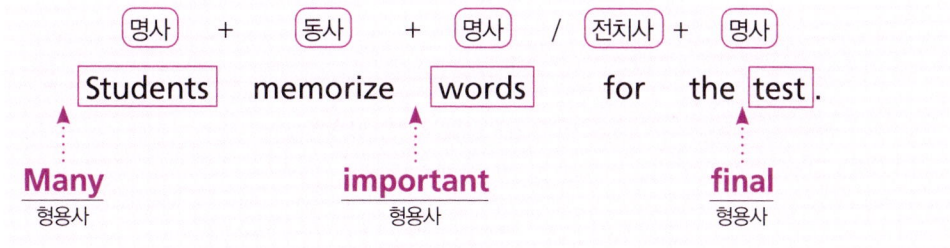

명사 앞에 형용사를 넣었더니 단순했던 문장이 이렇게 긴 문장으로 변했어요.

Students memorize **words** for the **test**.

→ **Many** **students** memorize **important** **words** for the **final** **test**.
많은 학생들은 기말고사를 위해서 중요한 단어들을 외운다.

이것이 바로 형용사가 주는 혜택입니다. 아는 형용사가 별로 없어서 이런 방법을 쓰지 못했을까요? 그보다는 가장 이상적인 단어 배열(SVO) 뒤에 〈전치사 + 명사〉 쓰기)에 맞춰서 문장을 만들지 못했기 때문에 형용사를 쓸 기회가 없었을 겁니다. 따라서 문장을 만드는 실력이 선행되어야 합니다. 문장을 만든 후 명사를 찾고, 그 명사 앞에 형용사를 끼워 넣으면 됩니다.

③ 두 번째 방법 – 명사 뒤에 〈전치사 + 명사〉 넣기

명사 뒤에서 꾸미는 것은 무엇일까요? 명사 뒤나 모든 문장 뒤에 붙어서 문장 길이를 폭발적으로 늘여 주는 것이 있다고 1권에서 배웠었죠. 그 주인공은 바로 〈전치사+명사〉, 즉 '전치사구'입니다. 〈전치사+명사〉는 끼워 넣는 부연 설명이어서 모든 문장 뒤나 모든 명사 뒤에 자유롭게 추가할 수 있어요. 또 문장 맨 앞에 쓸 수도 있어요.

(1) 다음 문장 뒤에 〈전치사+명사〉를 추가해 볼까요?

[명사] + [동사] + [명사] / [전치사] + [명사]
  I   saw   you   on   the street .
                                        ↑
                                   around 2 o'clock
                                    전치사 + 명사

기존 문장 뒤에 around 2 o'clock을 추가했더니 문장의 길이가 길어졌어요.

I saw you on the street. 나는 길에서 너를 보았다.

→ I saw you on the street **around 2 o'clock**. 나는 2시쯤에 길에서 너를 보았다.
                            전치사+명사

(2) 이번에는 명사 뒤에 〈전치사+명사〉를 추가해 봐요. 명사의 개수가 많은 만큼 글의 내용이 더 자세해지겠죠.

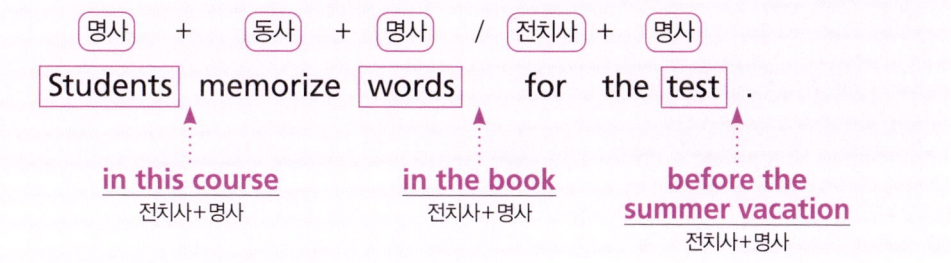

위 문장의 각 명사 뒤에 〈전치사+명사〉를 추가하면 다음과 같이 긴 문장으로 탈바꿈합니다.

Students memorize **words** for the **test**.
→ **Students in this course** memorize **words in the book** for the **test before the summer vacation**.
이 과정에 있는 학생들은 여름 방학 전에 시험을 위해서 그 책에 있는 단어들을 외운다.

이렇게 〈전치사+명사〉가 문장 길이를 폭발적으로 늘여 주는 것을 **Explosive Effect**(폭발적인 효과)라고 해요. 그렇다면 지금까지 〈전치사+명사〉의 이런 혜택을 누리지 못했던 이유는 무엇일까요? 그것은 알고 있는 전치사가 별로 없어서라기보다는 문장(SVO언어)을 만들지 못했기 때문일 거예요. 전치사를 많이 알고 있다고 해도 문장을 만들지 못한다면 부연 설명을 추가하는 것도 불가능하니까요. 따라서 기본적인 문장(SVO언어)을 쓰는 능력이 가장 중요합니다. 일단 문장을 만든 후 명사 뒤에 〈전치사+명사〉를 끼워 넣거나 문장 뒤에 〈전치사+명사〉를 끼워 넣으면 됩니다.

④ 세 번째 방법 - 명사 뒤에 문장 넣기

영어에는 **Explosive Effect**(폭발적인 효과)보다 더 강력한 효과를 주는 것이 있어요. 그것은 바로 명사 뒤에 '문장'을 쓰는 방법이에요. 다음 문장에서 명사 뒤에 '문장'을 넣어 봐요. 문장은 '주어+동사'의 구조로서 '절'이라고도 부릅니다.

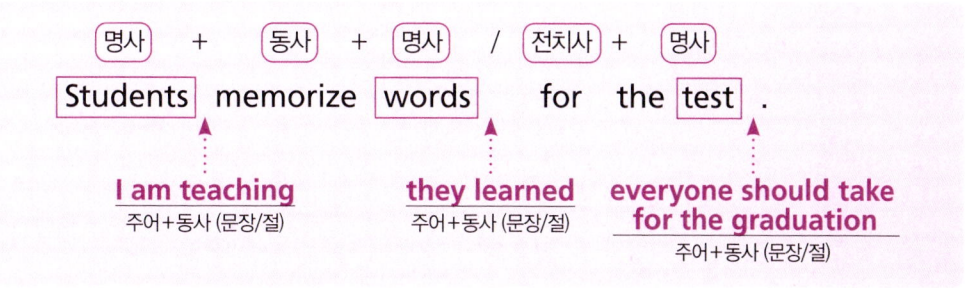

각 명사 뒤에 '문장(절)'을 추가하면 다음과 같이 아주 긴 문장으로 탈바꿈합니다.

> **Students** memorize **words** for the **test**.
> → **Students I am teaching** memorize **words they learned** for the **test everyone should take for the graduation**.
> 내가 가르치고 있는 학생들은 모든 사람들이 졸업을 위해서 치러야 하는 시험을 위해서 그들이 배운 단어들을 외운다.

이렇게 명사 뒤에 문장을 추가해서 전체 문장의 길이를 폭발적으로 늘이는 것을 **Big Bang Effect**(대폭발 효과)라고 부르고, 추가한 문장을 문법 용어로는 '**형용사절**'이라고 합니다. 명사를 꾸며 주는 문장이기 때문에 '형용사절'이라고 하는 거예요.

지금까지 문장 길이를 늘이는 세 가지 방법을 배웠어요. ①명사 앞에 〈형용사〉를 쓰거나, ②명사 뒤에 〈전치사+명사〉를 쓰거나, ③명사 뒤에 〈형용사절〉을 추가하는 방법이었어요. 그렇다면 이 세 가지 방법을 한 문장 안에 모두 쓰는 것이 가능할까요? 그 대답은 다음 Lesson에서 알려드릴게요.

개념 정리 Quiz

1 다음 빈칸에 알맞은 말을 써 넣으세요.

(1) 영어 문장의 가장 이상적인 단어 배열은 _____ + _____ + _____ / _____ + _____이다.

(2) 문장을 길게 쓰고 싶을 때는 명사 앞에 _____를 끼워 넣거나, 명사 뒤에 _____ 또는 _____을 끼워 넣는 것이 가장 효과적이다.

2 다음 문장에서 형용사를 쓸 수 있는 위치를 모두 찾으세요.

① People ② are saying ③ things like ④ places.

3 다음 문장에서 〈전치사+명사〉를 쓸 수 있는 위치를 모두 찾으세요.

① Campers ② should ③ stay in this area ④.

4 다음 문장에서 I have를 끼워 넣을 수 있는 위치를 찾으세요.

① This ② discount ticket ③ costs ④ only 10 dollars.

5 다음 중 문장 길이를 늘이기 위해 끼워 넣을 수 있는 문법이 아닌 것은 무엇인가요?

① 분사
② 문장
③ 전치사구
④ 관사

* camper 야영객

6 명사를 수식하는 부분을 모두 찾아서 밑줄을 치세요. (힌트: 5개)

> I was sitting in the subway. I was half asleep. I felt an old woman standing in front of me. I did not want to give the seat I have to her. I pretended to sleep. When the subway arrived at the station I needed to get off at, I raised my head and looked at the old woman. Surprisingly, it was my mother. I asked why she didn't tell me. She said, "I didn't want to wake you up because you looked tired."

7 주어진 문장을 조건에 맞춰 더 긴 문장으로 바꿔 쓰세요.

> I found my credit card.

(1) 〈전치사＋명사〉를 추가해서 문장 길이를 늘이세요.

→ _____

(2) 〈형용사절〉을 추가해서 문장 길이를 늘이세요.

→ _____

* half asleep 비몽사몽간인 surprisingly 놀랍게도

Practice

A 명사에 ○하고 그 명사를 꾸미는 부분에 밑줄 친 다음, 문장을 해석하세요. (대명사 제외)

1 I like the big picture you took during your trip.
    → _____

2 I don't believe the rumor I heard from them.   * rumor 소문
    → _____

3 Did you see my brown sunglasses I was wearing in the morning?
    → _____

4 You have to understand the key point in this chapter.
    → _____

5 I watched the famous movie people and magazines are talking about.
    → _____

B 수식어구(형용사, 전치사구, 형용사절)를 끼워 넣어 다음을 영어로 옮기세요.

6 나는 내가 도서관에서 읽은 그 책을 사고 싶어요. (read, library)
    I want to buy the book˄.
    → _____

7 문 옆에 있는 흰색 재킷은 얼마예요? (white, next to)
    How much is the˄jacket˄?
    → _____

8 내가 제주에서 만난 사람들은 모두 친절했어요. (meet, Jeju)
    People˄were all kind.
    → _____

9 나는 그녀가 준 쇼핑 목록을 쇼핑몰 안에서 잃어버렸어. (give, mall)
    I lost the shopping list˄.
    → _____

3 Steps로 한없이 길게 쓰기

문장 속에 '형용사, 전치사+명사, 형용사절'을 끼워 넣으면 문장이 길어지는 효과를 볼 수 있어요. 그렇다면 이 세 가지를 한꺼번에 모두 쓸 수 있을까요? 이번에는 그 답을 찾아봐요.

① 세 가지 방법 몰아서 쓰기

문장 길이를 늘이기 위해 명사 앞에 〈형용사〉 쓰기, 명사 뒤에 〈전치사+명사〉 쓰기, 명사 뒤에 〈문장(형용사절)〉 쓰기 세 가지 방법을 배웠어요. 그럼 이 세 가지 방법을 한꺼번에 모두 쓸 수 있을까요? 대답은 '쓸 수 있다'입니다. 세 가지 방법을 한 문장에 모두 적용하면 원래 문장의 길이가 얼마나 길어질지 상상이 되나요? 글이 엄청나게 길어지고 글의 수준이 상당히 높이 올라갑니다.

Students memorize words for the test.
학생들은 시험을 위해서 단어를 외운다.

이 문장에 〈형용사〉, 〈전치사+명사〉, 〈문장(형용사절)〉을 모두 추가하면 다음과 같이 변합니다.

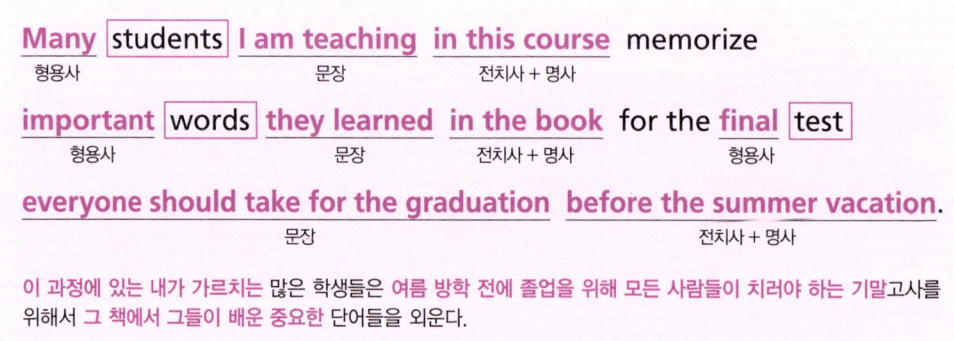

이 과정에 있는 내가 가르치는 많은 학생들은 여름 방학 전에 졸업을 위해 모든 사람들이 치러야 하는 기말고사를 위해서 그 책에서 그들이 배운 중요한 단어들을 외운다.

문장에 세 가지 방법을 모두 적용했더니 놀랍도록 아주 긴 문장이 만들어졌어요. 영어로 긴 문장을 쓰고 싶다면 이 세 가지 방법을 한 문장 속에 적절히 사용하도록 하세요.

② 끼워 넣는 문법의 특징

〈형용사〉, 〈전치사+명사〉, 〈문장(형용사절)〉을 한꺼번에 쓰는 게 가능한 이유는 뭘까요? 세 가지 요소는 모두 부연 설명의 성격을 갖고 있기 때문이에요. 부연 설명은 끼워 넣는 것이므로 넣어도 문법이 틀리지 않고, 빼도 문법이 틀리지 않습니다. 따라서 세 가지를 한꺼번에 모두 써도 상관없어요.

그렇다면 말할 때마다 이 세 가지를 모두 사용하면 어떨까요? 실생활에서 매번 문장을 길게 말할 필요는 없어요. 필요에 따라서 문장의 길이를 조절하여 사용하는 것이 좋습니다. 그때그때 자신이 원하는 방법만 선택해서 문장의 길이를 조절하세요.

명사를 수식하는 표현 중 일부를 빼 볼까요?

~~Many~~ students ~~I am teaching~~ in this course memorize ~~important~~ words they learned ~~in the book~~ for the ~~final~~ test ~~everyone should take for the graduation~~ before the summer vacation.

→ Students in this course memorize words they learned for the test before the summer vacation.

문장이 좀 짧아졌죠? 이렇게만 말해도 아주 수준 높은 문장입니다. 좀 더 빼 볼까요?

Students ~~in this course~~ memorize words ~~they learned~~ for the test ~~before the summer vacation~~.

→ Students memorize words for the test.

이렇게 뺐더니 원래의 문장만 남았어요. 이런 식으로 기본 문장을 사용하여 명사의 앞이나 뒤에 수식어구를 넣어서 문장 길이를 조절하면 되는 겁니다. * 수식어구 : 꾸며주는 말, 부연 설명, 보충 설명

③ 형용사절 효과 (Big Bang Effect) 연습하기

세 가지 문법 중에서 글의 내용을 가장 자세하게 만들어 주는 것은 바로 명사 뒤에 〈문장(형용사절)〉을 쓰는 방법입니다. 형용사절을 쓰기 위해서 먼저 준비해야 할 것은 뭘까요? I know, I like 등 명사 뒤에 추가할 문장을 준비해야 합니다.

(1) students라는 명사 뒤에 문장(주어+동사)을 추가하는 연습을 해 봐요.

이렇게 students 뒤에 문장만 붙이면 students에 대해 아주 쉽게 설명할 수 있습니다. 명사 뒤에 문장을 붙일 때 ❺번처럼 내용이 부자연스러운 것은 붙이면 안 되겠죠.

(2) 이번에는 tests라는 명사 뒤에 문장을 추가해 볼까요?

(3) games라는 명사 뒤에 문장을 끼워 넣어 봐요.

(4) my friends라는 명사 뒤에 문장을 추가해 봐요.

어때요? 무척 쉽죠? 명사 뒤에 문장을 끼워 넣는 '**형용사절**'은 아주 쉬운 방법입니다. 명사 뒤에 문장을 넣어서 긴 문장을 만드는 이 방법을 적극 사용하도록 하세요.

④ 명사 수식하는 연습하기

이제 여러분이 직접 명사를 꾸며 보세요. 가장 이상적인 단어 배열(SVO와 전치사 사용)에 맞춘 문장을 준비했어요.

> People like the food in the restaurant.
> 사람들은 그 식당의 음식을 좋아한다.

우선 People 뒤에 문장을 써 보세요.

> People I know like the food in the restaurant.
> 내가 아는 사람들은 그 식당의 음식을 좋아한다.
>
> People I met like the food in the restaurant.
> 내가 만났던 사람들은 그 식당의 음식을 좋아한다.
>
> People I like like the food in the restaurant.
> 내가 좋아하는 사람들은 그 식당의 음식을 좋아한다.

이런 식으로 자신이 원하는 문장을 명사 뒤에 넣으면 됩니다. 이번에는 food 앞에 형용사를 써 보세요.

> People I know like the **good** food in the restaurant.
> 내가 아는 사람들은 그 식당의 좋은 음식을 좋아한다.
>
> People I met like the **delicious** food in the restaurant.
> 내가 만났던 사람들은 그 식당의 맛있는 음식을 좋아한다.
>
> People I like like the **sweet** food in the restaurant.
> 내가 좋아하는 사람들은 그 식당의 달콤한 음식을 좋아한다.

이번에는 restaurant 뒤에 〈전치사+명사〉를 써 보세요.

> People I know like the good food in the restaurant **near my house**.
> 내가 아는 사람들은 우리집 근처에 있는 식당의 좋은 음식을 좋아한다.

People I met like the delicious food in the restaurant around my house.

내가 만났던 사람들은 우리집 주변에 있는 식당의 맛있는 음식을 좋아한다.

People I like like the sweet food in the restaurant next to my house.

내가 좋아하는 사람들은 우리집 옆에 있는 식당의 달콤한 음식을 좋아한다.

'문장, 형용사, 전치사+명사'를 사용해서 아주 간편하게 긴 문장을 만들었어요. 여러분도 이 간편한 혜택을 마음껏 누리시길 바랍니다.

개념 정리 Quiz

1 형용사절 효과를 얻기 위해 문장(절)을 쓸 수 있는 자리를 고르세요.

① 모든 명사 뒤
② 모든 형용사 뒤
③ 모두 부사 뒤
④ 모든 전치사 뒤

2 형용사절 효과를 얻기 위해 문장(절)을 얼마나 끼워 넣을 수 있을까요?

① 명사의 개수만큼
② 단어 개수만큼
③ 동사의 개수만큼
④ 관사의 개수만큼

3 밑줄 친 단어 뒤에 쓸 수 있는 말이 아닌 것을 고르세요.

> The name was on the list.

① you mentioned
② I knew
③ his friend
④ she said

4 주어진 명사 뒤에 문장(절)을 추가하여 다음을 영어로 옮기세요.

(1) 우리가 들을 수 있는 소리 (hear)

→ the sound _____

(2) 네가 좋아하는 스타일 (like)

→ the style _____

(3) 내가 알고 있는 누군가 (know)

→ someone _____

(4) 내가 놓치고 싶지 않은 기회 (want, miss)

→ the chance _____

5 명사 advice 앞이나 뒤에 수식어구를 넣어서 다음을 영어로 옮기세요.

(1) 진심 어린 충고 (sincere) → _____

(2) 그가 해 준 충고 (give) → _____

(3) 너를 위한 충고 (for) → _____

* mention 언급하다 sincere 진심 어린

6 수식어구를 추가하여 주어진 문장을 길게 고쳐 쓰세요.

> We have a dream.

(1) 우리는 성취하고 싶은 꿈이 있다. (want, achieve)

→ _____

(2) 우리는 미래에 성취하고 싶은 꿈이 있다. (in, future)

→ _____

7 다음 문장의 빈칸에 차례로 들어갈 말로 내용상 어색한 것을 고르세요.

> The life _____ is like a mirror _____.
> Smile at it, and it smiles back at you.   - *Peace Pilgrim* -

① you have lived, at home
② God has given you, in front of you
③ we have, on the wall
④ you bought, in your stomach

* achieve 성취하다

Practice

A 명사에 ○하고 명사를 꾸미는 부분에 밑줄 친 다음, 문장을 해석하세요.

1. The answer you changed was the right answer.
   →

2. This is the chance I have been waiting for.
   →

3. He is the person you are supposed to meet in the office.
   * be supposed to ~하기로 되어 있다
   →

4. I will never forget the day I met you in the elevator.
   →

5. The bag you have and the bag I have at home are the same.
   →

B 형용사절을 이용하여 다음을 영어로 옮기세요.

6. 네가 먹은 음식은 내 거였어. (food, ate, mine) [과거]
   →

7. 나는 네가 나에게 준 선물이 정말 마음에 들어. (love, gift, gave) [현재]
   →

8. 나는 네가 나에게 말한 그 게임을 다운로드받았어. (downloaded, game, tell) [과거]
   →

9. 이것들은 제가 어렸을 때 읽었던 책들이에요. (these, are, read, when, child) [현재]
   →

10. 이것은 내가 늘 사용하는 물건이야. (is, item, always, use) [현재]
    →

C 단계별로 문장 길이를 늘이면서 영작해 보세요.

11 (1) 사람들은 영화를 좋아한다. (movies)

→ _____

(2) 사람들은 감동적인 영화를 좋아한다. (impressive)

→ _____

(3) 사람들은 사랑에 관한 감동적인 영화를 좋아한다. (love)

→ _____

(4) 사람들은 우리 주변에서 일어나는 사랑에 관한 감동적인 영화를 좋아한다. (around)

→ _____

12 (1) 나는 빵을 좀 샀어. (some bread)

→ _____

(2) 나는 맛있는 빵을 좀 샀어. (delicious)

→ _____

(3) 나는 제과점에서 맛있는 빵을 좀 샀어. (a bakery)

→ _____

(4) 나는 우리 집 앞에 있는 제과점에서 맛있는 빵을 좀 샀어. (in front of)

→ _____

13 (1) 이것이 힌트야. (hint)

→ _____

(2) 이것이 중요한 힌트야. (important)

→ _____

(3) 이것이 그 시험을 위해서 중요한 힌트야. (test)

→ _____

(4) 이것이 그 시험을 위해서 네가 필요한 중요한 힌트야. (need)

→ _____

14 (1) 나는 그 소식을 들었어. (news)

→ _____

(2) 나는 그 놀라운 소식을 들었어. (surprising)

→ _____

(3) 나는 그 놀라운 소식을 Watson한테서 들었어. (from)

→ _____

(4) 나는 그 놀라운 소식을 내가 어제 만난 Watson한테서 들었어. (meet, yesterday)

→ _____

이제야 밝혀지는 이름 - 관계대명사

LESSON 49

문장의 수준을 높이는 세 가지 방법 중에서 가장 효과적인 것은 형용사절입니다.
형용사절의 문법 이름을 알려 드릴게요.

1 형용사절을 쓰는 두 가지 방법

명사 뒤에서 그 명사를 수식하는 문장을 형용사절이라고 하지요. 그런데 이때 명사 뒤에 문장(형용사절)을 쓰는 방법에는 두 가지가 있어요.

(1) 명사 + 〈앞의 명사와 다른 단어〉로 시작하는 문장

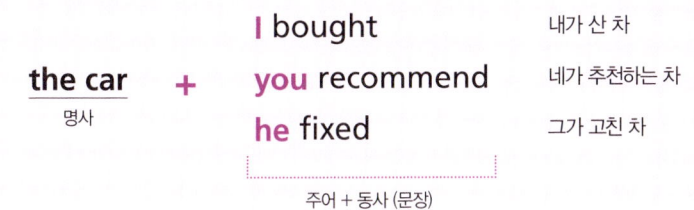

(2) 명사 + 〈앞의 명사와 같은 단어〉로 시작하는 문장

the car 뒤에 이런 문장을 쓰면 어떨까요?

영어는 반복을 매우 싫어하는데 the car the car runs fast(빨리 달리는 차)는 같은 표현인 the car가 반복됩니다. 이 문제를 해결하기 위해서 반복되는 the car를 생략해 볼까요?

→ **the car** runs fast   ◯ 반복되는 the car를 생략한다.

하지만 The car runs fast는 '빨리 달리는 차'가 아니라 '그 차는 빨리 달린다'는 뜻이 되어 버립니다. 이렇게 뜻이 바뀌는 것을 방지하기 위해서 반복되는 주어 대신 다른 단어를 넣게 됩니다.

② 주격 관계대명사

영어는 반복을 피하기 위해서 that(그것/저것)을 자주 사용합니다. That one!(앞에서 반복되어 서로 알고 있는 그것/저것!)이나 Give me that!(서로 알고 있는 그것/저것 주세요!)처럼 명사의 반복을 피하기 위해 that을 자주 사용하지요. 그래서 이 경우에도 that을 사용합니다.

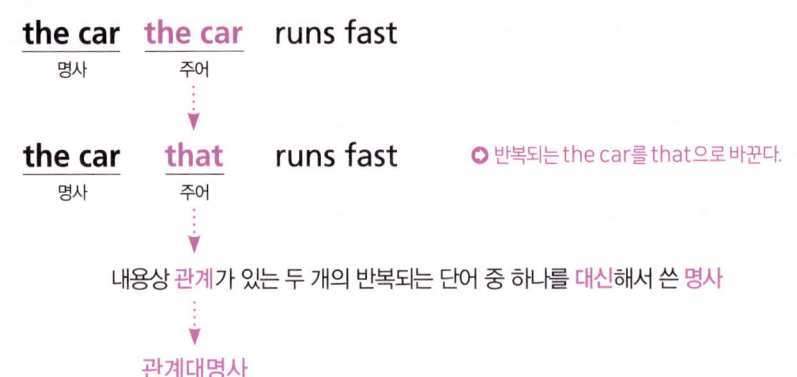

여기에서 that은 the car를 대신해서 쓰인 것입니다. 이렇게 쓰인 that을 '내용상 **관계**가 있는 두 개의 반복되는 단어 중 하나를 **대신**해서 쓴 **명사**'라고 하고, 이것을 줄여서 '**관계대명사**'라고 불러요.

the car that runs fast
- → that은 **주어** the car 대신 쓰인 **관계대명사** (that = the car)
- → 주격 관계대명사

예문의 that처럼 주어를 대신해서 쓰인 관계대명사를 '**주격 관계대명사**'라고 합니다. 정리하면, that이 주어로 쓰인 경우에 that은 바로 앞에 나온 명사의 반복을 피하기 위해 쓰인 것이고, 이렇게 쓰인 that을 '주격 관계대명사'라고 해요.

③ 목적격 관계대명사

다음 문장에서 that은 무엇을 대신해서 쓰인 것일까요?

This is the car that I bought. 이것은 내가 산 차예요.
- → that은 **목적어** the car 대신 쓰인 **관계대명사** (that = the car)
- → 목적격 관계대명사

위 문장에서 that은 the car 대신 쓰인 관계대명사입니다. 그런데 the car는 I bought의 목적어이므로 that 또한 I bought의 목적어입니다. 이렇게 목적어를 대신해서 쓰인 관계대명사를 '**목적격 관계대명사**'라고 합니다. 목적격 관계대명사 that은 해석상 차지하는 비중이 크지 않아서 생략되는 경우가 많습니다.

the car ~~that~~ I bought
→ the car I bought 내가 산 차 ◐ 목적격 관계대명사는 생략할 수 있다.

the car ~~that~~ you recommend
→ the car you recommend 네가 추천하는 차 ◐ 목적격 관계대명사는 생략할 수 있다.

the car ~~that~~ he fixed
→ the car he fixed 그가 고친 차 ◐ 목적격 관계대명사는 생략할 수 있다.

that을 생략했더니 명사 뒤에 문장을 붙인 형태가 됐죠? 우리가 앞에서 연습한 (P65, 66, 72, 73) '명사 뒤에 문장(형용사절) 끼워 넣기'는 사실 목적격 관계대명사가 생략된 형태였던 거예요.

④ 주격 관계대명사 연습하기

주격 관계대명사가 들어간 형용사절을 좀 더 연습해 봐요. 반복되는 명사를 that으로 바꿔 주면 됩니다.

❶ The idea <u>the idea</u> is informative
      주어
→ The idea **that** is informative 유익한 아이디어
           주격 관계대명사

◐ 내용상 관계가 있는 두 개의 반복되는 the idea 중 하나를 that으로 바꾼다.

❷ A movie <u>a movie</u> was interesting
      주어
→ A movie **that** was interesting 재미있었던 영화
           주격 관계대명사

◐ 내용상 관계가 있는 두 개의 반복되는 a movie 중 하나를 that으로 바꾼다.

❸ People <u>people</u> helped me
      주어
→ People **that** helped me 나를 도와준 사람들
          주격 관계대명사

◐ 내용상 관계가 있는 두 개의 반복되는 people 중 하나를 that으로 바꾼다.

❹ Water <u>water</u> is boiling
      주어
→ Water **that** is boiling 끓고 있는 물
         주격 관계대명사

◐ 내용상 관계가 있는 두 개의 반복되는 water 중 하나를 that으로 바꾼다.

개념 정리 Quiz

1 다음 빈칸에 들어갈 말을 알맞게 짝지은 것을 고르세요.

> 명사 앞에서 명사를 꾸며 주는 단어를 (　　　　)(이)라고 하고,
> 명사 뒤에서 명사를 꾸며 주는 문장을 (　　　　)(이)라고 한다.

① 형용사 – 전치사구　　　② 형용사 – 형용사절
③ 전치사구 – 부사절　　　④ 전치사 – 형용사절

2 다음 빈칸에 들어갈 말을 알맞게 짝지은 것을 고르세요.

> 한 문장에서 내용상 관계가 있는 두 개의 반복되는 단어 중 하나를 대신해서 쓰는 명사를 일컬어 (　　　　)라고 하고, 그 자리에는 (　　　　)을[를] 쓸 수 있다.

① 관계대명사 – that　　　② 형용사절 – that
③ to부정사 – to　　　　　④ 관계대명사 – to

3 다음 문장에서 밑줄 친 that이 무엇을 대신해서 쓴 것인지 고르세요.

> What do you think about the shirt <u>that</u> is displayed in the second row?

① you　　　　　② the second row
③ what　　　　 ④ the shirt

4 다음 밑줄 친 that 중에서 생략할 수 있는 것을 고르세요.

① the thank-you card <u>that</u> made me happy
② the thought <u>that</u> is bothering me
③ the thing <u>that</u> I need right now
④ the technology <u>that</u> changes every human life

* display 진열하다, 전시하다　row 열, 줄　bother 괴롭히다　technology 기술

5 다음을 영어로 옮길 때 알맞은 것을 고르세요.

(1) 네가 사랑하는 사람들

→ people (that you love / that love you)

(2) 너를 사랑하는 사람들

→ people (that you love / that love you)

(3) 내가 좋아하는 책

→ the book (that I like / that like me)

(4) 따분한 책

→ the book (that I am bored / that is boring)

6 다음을 영어로 바르게 옮긴 것을 고르세요.

(1) 나를 어지럽게 만든 냄새는 부엌에서 났다.

① The smell made me dizzy that came from the kitchen.
② The smell that came from the kitchen made me dizzy.
③ The smell came from the kitchen that made me dizzy.
④ The smell that made me dizzy came from the kitchen.

(2) 부엌에서 난 냄새는 나를 어지럽게 만들었다.

① The smell that came from the kitchen made me dizzy.
② The smell that made me dizzy came from the kitchen.
③ The smell came from the kitchen that made me dizzy.
④ The smell made me dizzy that came from the kitchen.

* dizzy 현기증 나는

Practice

A 관계대명사를 찾아서 밑줄을 치고, 문장을 해석하세요.

1. The bus that comes now goes to Seoul Station.
   → _____

2. Don't wear a skirt that is too short in the office.
   → _____

3. I don't want to miss the TV drama that is on Tuesday.
   → _____

4. What is the thing that moves up and down?
   → _____

5. You gave the speech that touched everybody.   *touch 감동시키다
   → _____

B 관계대명사 that을 이용하여 다음을 영어로 옮기세요.

6. 나는 비싸지 않은 기념품을 찾고 있는 중이에요. (expensive)
   → I am looking for a souvenir _____.

7. 너도 내가 들은 그 소식을 들었니? (heard)
   → Did you hear the news _____?

8. 나는 달리고 있는 차 안에서는 책을 못 읽겠어. (running)
   → I cannot read a book in a car _____.

9. 내가 너에게 말해준 그 번호를 적었어? (told)
   → Did you write down the number _____?

10. 움직이고 있는 것들을 맞혀봐! (moving)
    → Hit the things _____.

어떻게 만드나요? 형용사절

이번 시간에는 '선행사'라는 문법 용어가 등장합니다.
관계대명사와 형용사절, 선행사가 어떤 관계로 묶여 있는지 아주 쉽게 설명해 드릴게요.

① 관계대명사, 형용사절, 선행사의 관계

관계대명사와 형용사절이 무엇인지 다시 한 번 정리해 봐요.

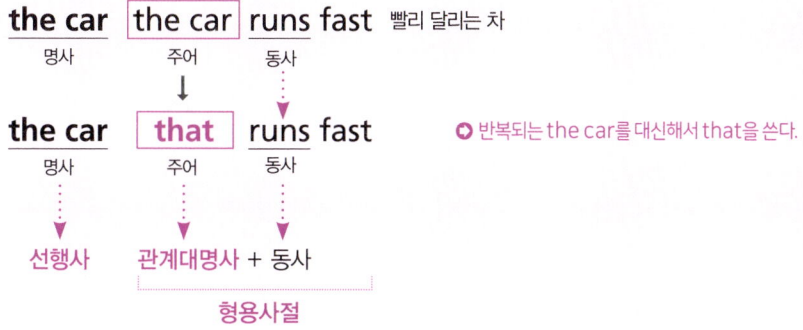

(1) 관계대명사
반복되는 명사 중 하나를 지우고 그 자리에 that을 넣어 줍니다. 이때 that은 '내용상 **관계**가 있는 두 개의 명사 중 반복되는 하나를 **대신해서 쓴 명사**'라고 해서 '**관계대명사**'라고 합니다.

(2) 형용사절 (=형용사 문장)
관계대명사가 포함된 문장이 명사를 꾸며준다고 해서 이 문장(절)을 '**형용사절**'이라고 합니다. 형용사절은 이렇게 관계대명사가 있는 경우도 있지만, 관계대명사가 없는 경우도 있어요. 관계대명사가 없는 경우는 목적격 관계대명사가 생략된 것입니다. 이때는 명사 뒤에 바로 '주어 (I, You, He, She, People...)+동사'가 나옵니다.

(3) 선행사
관계대명사가 무엇 대신에 쓰였는지 알게 해 주는 단어, 즉 '관계대명사 앞에 있는 단어'를 '**선행사**'라고 합니다. '관계대명사 앞쪽에 먼저 나와 있는 말'을 한자로 표현하여 '선(先: 앞) 행(行: 나아가다) 사(辭: 말)'라고 한 거예요.

'선행사, 관계대명사, 형용사절'은 항상 함께 존재하므로 묶어서 이해해야 합니다. 문법 용어가 많이 나오다 보니, 이 개념이 어려운 분들도 있을 겁니다. 하지만 이 용어들 간의 연관성을 이해하고 나면 보다 친숙하게 다가갈 수 있을 거예요.

② 주격 관계대명사가 있는 형용사절 만들기

중요한 것은 문법 용어 자체가 아니라 그 문법이 들어가 있는 영어 문장을 쓸 줄 아는 것입니다. 관계대명사 **that**이 주어 역할을 하는 문장을 만들려면 다음과 같은 순서를 따르면 됩니다.

1단계   명사(선행사) 쓰기
2단계   선행사 뒤에 that 쓰기
3단계   that 뒤에 동사를 써서 문장 만들기 (이때 that이 주어가 됨)

위 순서에 맞춰 같이 만들어 볼까요?

주격 관계대명사가 있는 형용사절을 만드는 패턴이 보이죠? 이 패턴에 익숙해지면 여러분도 주격 관계대명사를 사용하는 데 자신감이 붙을 겁니다.

③ 선행사에 따른 관계대명사의 종류

관계대명사에는 that만 있는 게 아니에요. 선행사가 무엇인지에 따라 관계대명사의 종류도 다음과 같이 달라질 수 있습니다.

선행사의 종류	관계대명사
사람	who(whom)
사물	which
장소	where
시간	when
물건의 소유	whose

선행사가 사람일 때는 관계대명사로 that 대신 who(주격)나 whom(목적격)을 쓸 수 있고, 선행사가 사물일 때는 관계대명사로 that 대신 which를 쓸 수 있습니다. 또 선행사가 장소일 때는 where, 날짜일 때는 when, 물건의 소유를 나타낼 때는 whose를 쓸 수 있어요. where과 when은 **'관계부사'**라는 문법 이름으로 부르기도 하는데, 이는 뒤에서 자세히 설명할게요.

④ 인기 있는 관계대명사는 that

그런데 실생활에서는 선행사가 어떤 종류인지 구분하기가 모호할 때가 많습니다. 예를 들어 building은 사물일까요, 장소일까요? 사물일 수도 있고 장소일 수도 있어요. my heart(내 마음, 내 심장)는 사물일까요, 장소일까요? 이것도 애매합니다. 영화 주인공인 슈퍼맨, 헐크, 인어공주는 사람으로 보고 관계대명사 who를 써야 할까요, 사람이 아니므로 which를 써야 할까요? 이와 같이 선행사의 성격이 불분명한 경우가 많다 보니, 요즘에는 선행사의 종류에 상관없이 쓸 수 있는 관계대명사 that을 선호하는 추세예요.

관계대명사
who(whom) / which / where / when / whose ➡ that

❺ <선행사 + 관계대명사> 연습하기

선행사의 종류에 따라 알맞은 관계대명사를 쓰는 연습을 해 봐요. 그런 다음 관계대명사를 **that**으로 바꿔 봅시다.

❶ I bought **the bag which** is expensive.
→ I bought **the bag that** is expensive.
　나는 비싼 그 가방을 샀다.

- bag이 사물이므로 관계대명사 which를 사용
- 요즘은 that을 선호하는 추세

❷ I know **the building which** is in Seoul.
→ I know **the building that** is in Seoul.
　나는 서울에 있는 그 빌딩을 알고 있다.

- building이 사물이므로 관계대명사 which를 사용
- 요즘은 that을 선호하는 추세

❸ **the man who** lives with them

　the man that lives with them
　그들과 사는 남자

- man이 사람이므로 관계대명사 who를 사용
- 선행사가 사람인데 관계대명사로 that을 쓰면 상대를 얕잡아 보거나 낮추는 어감을 주므로 주의!

❸번처럼 선행사가 사람인 경우에는 관계대명사 **who**를 쓰는 것이 일반적입니다. 만일 선행사가 사람인 경우에 who를 쓰지 않고 that을 쓰면 그 사람을 낮춰서 가리키거나 얕잡아 보는 어감을 줄 수 있으므로 주의하도록 하세요.

❹ **the house where** she lives
　그녀가 사는 집

→ **the house in which** she lives
→ **the house which** she lives **in**
→ **the house that** she lives **in**

- house가 '장소'이므로 관계대명사 where를 사용
- where은 기능상은 관계대명사(반복되는 단어 중 하나를 대신해서 씀), 의미상은 관계부사(내용상 동사 lives를 꾸며줌)
- where은 in which로 바꿀 수 있음
- 전치사 in은 동사 lives 뒤로 옮길 수 있음
- which를 that으로 바꿀 수 있음

❺ **the day when** we met
　우리가 만난 날

→ **the day at which** we met
→ **the day which** we met **at**
→ **the day that** we met **at**

- day가 '시간'이므로 관계대명사 when을 사용
- when은 기능상은 관계대명사(반복되는 단어 중 하나를 대신해서 씀), 의미상은 관계부사(내용상 동사 met을 꾸며줌)
- when은 at which로 바꿀 수 있음
- 전치사 at은 동사 met 뒤로 옮길 수 있음
- which를 that으로 바꿀 수 있음

관계대명사 vs 관계부사

the house **in which** I live	the house **where** I live
• the house를 사물로 보고 **관계대명사** which를 사용한 것 • 두 단어(in which)로 쓰다 보니 길고 복잡하다. • 전치사를 틀리거나 빠뜨리는 실수를 하기 쉽다.	• the house를 장소로 보고 **관계부사** where를 사용한 것 • 한 단어(where)로 쓰다 보니 간단하다. • 전치사를 걱정할 필요가 없으므로 더 빨리 말하고 쓸 수 있다.

단어 두 개를 사용한 in which, on which, at which를 대신해서 간단하게 표현한 것이 where와 when입니다. in which, on which, at which는 전치사와 관계대명사를 모두 써야 하는데, 말을 하거나 글을 쓰다 보면 전치사를 빠뜨리는 실수를 자주 하게 됩니다. 이러한 불편함을 해소하기 위해서 전치사를 쓸 필요가 없는 where, when, why, how를 씁니다.

where, when, why, how 안에는 〈전치사와 관계대명사〉가 포함되어 있다고 보면 됩니다. where 안에는 in/on/at which가 있으며, when 안에는 in/on/at which가 있고, why 안에는 for which가 있고, how 안에는 in which가 있는 셈입니다.

전치사 뒤에 쓰인 which는 '관계대명사'이고, 한 단어를 사용한 where, when, why, how는 '**관계부사**'라고 이름을 붙였어요. 후자를 '부사'라고 한 이유는 내용상 동사를 꾸며 주기 때문이에요.

개념 정리 Quiz

1 다음 중 틀린 설명을 고르세요.

① 관계대명사 that은 항상 선행사 뒤에 온다.
② 선행사는 명사를 포함하여 형용사나 부사도 쓸 수 있다.
③ 선행사가 사물일 때는 관계대명사 which나 that을 쓸 수 있다.
④ 선행사가 사람일 때는 관계대명사 who나 that을 쓸 수 있다.

2 빈칸에 알맞은 말을 써 넣으세요.

(1) 관계대명사가 포함된 문장이 명사 뒤에서 형용사처럼 명사를 꾸며 준다고 해서 이 문장(절)을 _____(이)라고 한다.

(2) 관계대명사 that이 무엇 대신에 쓰였는지를 앞에서 알려 주는 단어를 _____ (이)라고 부른다.

3 각 문장에 어울리는 관계대명사[관계부사]를 고르세요.

(1) Anyone (who / which) comes first will get the chance first.
누구든지 맨 먼저 오는 사람이 먼저 그 기회를 갖게 될 거예요.

(2) Cultures (who / which) are from other countries are important.
다른 나라에서 온 문화들은 중요하다.

(3) The place (where / how) I visited was really amazing.
내가 방문했던 그 장소는 정말 굉장했어.

(4) Who took my money (that / it) was on the kitchen floor?
부엌 바닥에 있던 내 돈을 누가 가져갔어?

(5) There were many people (who / whose) wanted to eat in the restaurant.
그 식당에서 식사하고 싶어하는 사람들이 많았다.

(6) I remember the date (where / when) I first started working here.
나는 내가 처음 여기서 일하기 시작한 그날을 기억해요.

(7) Did you hear the reason (why / when) he left the office early?
그가 왜 사무실을 일찍 나갔는지 그 이유를 들었니?

4 주격 관계대명사 **that**을 이용해서 다음을 영어로 옮기세요.

(1) 매운 음식 (hot)

→ the food _____

(2) 시원한 계절 (cool)

→ the season _____

(3) 우리를 놀라게 했던 사건 (surprised)

→ the case _____

(4) 사람들을 민감하게 만드는 사안들 (make, sensitive)

→ the issues _____

(5) 끝난 일 (finished)

→ the works _____

5 다음 두 문장을 한 문장으로 바르게 고친 것을 고르세요.

> It was me.
> I called you late at night.

① It was me which called you late at night.
② It was me who called you late at night.
③ It was you which I called late at night.
④ It was you that I called late at night.

6 다음 문장에서 선행사를 찾아서 ○하고 형용사절을 찾아서 밑줄을 치세요.

> The world is a dangerous place to live – not because of the people who are evil but because of the people who don't do anything about it.
>
> - Albert Einstein -

* issue 안건, 사안   sensitive 민감한   evil 사악한

Practice

A 선행사에 ○하고 형용사절에 밑줄 친 다음, 문장을 해석하세요.

1 She is the one who saved us.   *save 구하다

   → _____

2 The 3D TV which is made in Korea is well-known.   *well-known 유명한

   → _____

3 That is the only place where you can buy it.

   → _____

4 Which is your bag that you are looking for?

   → _____

5 I remember the time when we worked together.

   → _____

B 형용사절을 이용하여 문장을 완성하세요.

6 너는 네가 (전에) 한 약속을 지켜야 한다. (made)

   → You should keep the promise _____.

7 손을 흔들고 있는 그 여자는 Sonya예요. (waving, hands)

   → The woman _____ is Sonya.

8 부엌에서 나는 냄새가 뭐지? (comes from)

   → What is the smell _____?

9 나는 들은 이름을 깜박했어. (heard)

   → I forgot the name _____.

10 이것은 자동으로 열리는 문이에요. (automatically)

   → This is a door _____.

C 형용사절을 이용하여 다음을 영어로 옮기세요.

11 나는 피자를 먹고 있는 저 여자아이를 알아. (know, girl, pizza) [현재]

→ _____

12 그건 내가 쓴 종이컵인데. (paper cup, used) [과거]

→ _____

13 피곤한 사람은 누구든지 여기에서 쉴 수 있어요. (anyone, tired, can take a rest) [현재]

→ _____

14 내가 (전에) 보낸 문자메시지 읽었어? (Did ~?, text message, sent) [과거]

→ _____

15 번호 1번부터 10번을 가진 승객들은 들어오세요. (passengers, numbers, come in) [현재]

→ _____

형용사절을 형용사구로 바꾸는 이유

형용사절은 종종 형용사구로 바뀌어 사용되기도 합니다. 왜 그런 현상이 생기는 건지, 형용사절을 형용사구로 바꾸려면 어떻게 해야 하는지 알아봅시다.

1 형용사절은 끼워 넣는 문법

다음 문장에서 형용사절을 찾아보세요.

The woman who is sitting on the bench is Mary.
벤치에 앉아 있는 그 여자는 Mary이다.

the woman이 누구인지 자세히 설명해 주기 위해 형용사절을 사용한 문장이에요. 형용사절의 시작을 알리는 것은 관계대명사입니다. 따라서 위 문장에서 형용사절은 관계대명사 who부터 시작합니다. 그럼 형용사절의 끝은 어디일까요?
관계대명사 뒤에 동사 is가 나오고 쭉 따라가다 보면 두 번째 동사 is가 나옵니다. 두 번째 동사 바로 앞까지가 형용사절이에요. 즉, who~bench가 형용사절입니다.

The woman / <u>who is sitting on the bench</u> / <u>is</u> Mary.
　　　　　　　　형용사절　　　　　　　　　　　두 번째 동사

형용사절은 끼워 넣거나 추가하는 문법이므로 생략해도 문법에 지장이 없어요. 그럼 이 문장에서 형용사절을 생략해 볼까요?

The woman ~~who is sitting on the bench~~ is Mary.
→ The woman is Mary.　　　● 형용사절은 끼워 넣는 문법이므로 빼도 문법에 지장이 없다.

형용사절을 생략한 The woman is Mary.도 문법에 전혀 문제가 없는 문장이라는 것을 알 수 있어요.

② 내용상 중요한 것을 빨리 말하는 방법

다음 문장에서 의미상 가장 중요한 부분은 어디일까요?

The woman who is sitting on the bench is Mary.

벤치에 앉아 있는 여자의 이름이 Mary라는 것을 알려주기 위한 문장이므로 가장 중요한 부분은 Mary입니다. Mary를 현재 위치에 유지한 채 Mary를 빨리 말해 주려면 어떻게 해야 할까요? Mary 앞에 있는 형용사절을 짧게 줄이면 됩니다. 형용사절을 짧게 줄이기 위해서 생략해도 되는 단어를 찾아보세요.

The woman <s>who</s> is sitting on the bench is Mary.

◎ 관계대명사 who는 선행사 The woman를 반복한 것이므로 생략한다.

영어는 단어를 생략할 때 원칙이 있어요. 내용에 지장을 가장 적게 주는 단어부터 생략합니다. 관계대명사 who는 앞에 나오는 명사 The woman을 대신해서 쓴 것이므로 반복되는 것으로 봅니다. 그래서 who를 생략합니다. 또 무엇을 뺄 수 있을까요?

The woman <s>who is</s> sitting on the bench is Mary.

◎ be동사는 생략해도 내용에 큰 지장을 주지 않으므로 생략한다.

생략해도 전체 내용에 큰 지장을 주지 않는 be동사 is를 생략합니다. 이 외의 단어들은 생략하면 내용에 지장을 주기 때문에 그대로 유지해요. 이렇게 관계대명사와 be동사를 생략하면 다음과 같이 문장의 길이가 짧아집니다.

The woman <s>who is</s> sitting on the bench is Mary.
→ The woman <u>sitting on the bench</u> is Mary.
형용사구

◎ 내용상 중요한 Mary를 좀 더 빨리 말할 수 있게 됐다.

이렇게 고쳤더니 내용상 중요한 Mary를 좀 더 빨리 말할 수 있게 됐습니다. 이렇게 해서 만들어진 sitting on the bench는 '주어, 동사'가 없기 때문에 '형용사절'이 아니라 **'형용사구'**입니다. 이렇게 '형용사절'을 '형용사구'로 바꾸는 이유는 내용상 중요한 말을 빨리 전달하기 위해서입니다. 또는 필요한 내용만 간단하고 짧게 전달하기 위해 형용사절을 형용사구로 바꾸기도 합니다.

③ 형용사절을 형용사구로 바꾸는 연습하기

형용사절을 이용하여 영작할 수 있고, 그 형용사절을 다시 형용사구로 고칠 수 있다면 높은 문법 실력을 갖췄다고 할 수 있어요. 형용사절을 형용사구로 바꾸는 연습을 좀 더 해 볼까요?

❶ The boy <u>that is playing the piano</u> is Tony.
　　　　　　　　형용사절

피아노를 치고 있는 그 소년은 Tony다.

→ The boy ~~that~~ is playing the piano is Tony.
　　　　　○ The boy와 의미상 반복되는 관계대명사 that을 생략한다.

→ The boy ~~that is~~ playing the piano is Tony.
　　　　　○ 생략해도 전체 내용에 큰 지장을 주지 않는 be동사를 생략한다.

→ The boy <u>playing the piano</u> is Tony.
　　　　　형용사구
　　　　　○ 내용상 중요한 Tony를 좀 더 빨리 말할 수 있게 됐다.

위 문장에서 내용상 가장 중요한 것은 Tony입니다. 형용사절을 playing the piano라는 형용사구로 짧게 줄였더니 Tony를 더 빨리 말할 수 있게 됐어요.

❷ The man <u>that is talking to Sam</u> is from San Francisco.
　　　　　　　형용사절

Sam과 얘기하고 있는 남자는 샌프란시스코 출신이다.

→ The man ~~that~~ is talking to Sam is from San Francisco.
　　　　　○ the man과 의미상 반복되는 관계대명사 that을 생략한다.

→ The man ~~that is~~ talking to Sam is from San Francisco.
　　　　　○ 생략해도 전체 내용에 큰 지장을 주지 않는 be동사를 생략한다.

→ The man <u>talking to Sam</u> is from San Francisco.
　　　　　형용사구
　　　　　○ 내용상 중요한 from San Francisco를 좀 더 빨리 말할 수 있게 됐다.

위 문장에서 가장 중요한 것은 from San Francisco입니다. 형용사절을 talking to Sam이라는 형용사구로 짧게 줄였더니 from San Francisco를 더 빨리 말할 수 있게 됐어요.

이제 형용사절을 형용사구로 바꾸는 방법에 대해 감이 잡혔을 거예요. 문장에서 형용사절을 쓸지 형용사구로 줄여서 쓸지는 여러분이 결정하면 됩니다.

개념 정리 Quiz

1 다음 중 틀린 설명을 고르세요.

① 형용사절은 끼워 넣는 문법이다.
② 형용사절은 생략해도 문장의 문법이 틀리지 않는다.
③ 형용사절은 문장을 길게 쓰도록 해 주고 글의 수준을 높여 주는 문법이다.
④ 형용사절은 모든 동사 뒤에 쓸 수 있다.

2 형용사절을 모두 찾아서 밑줄을 치세요.

> The team that was losing the game scored two goals in the last five minutes and won the game. People who were watching that game were all excited.

3 형용사절을 형용사구로 바꿀 때 be동사를 생략할 수 있는 이유는 무엇인가요?

_____

4 각 문장에 쓰인 형용사절을 형용사구로 바꿔서 문장을 다시 쓰세요.

(1) Did you see the cat that was jumping over the fence?

→ _____

(2) The boy who was missing for two days came back home safely.

→ _____

(3) The problems that were confusing me during the test were number 13 and 15.

→ _____

* score 득점하다   fence 울타리

Practice

A 형용사절이나 형용사구를 찾아서 밑줄을 치고, 문장을 해석하세요.

1 Someone <u>calling my name</u> is my teacher.

    → _____

2 The woman who is dancing on the stage is Lisa.

    → _____

3 The man waiting for me wants to borrow some money from me.

    → _____

4 Be careful with the water that is still hot.

    → _____

5 This is Jane living with me.

    → _____

B 조건에 맞춰 다음을 영어로 옮기세요.

6 지금 오고 있는 버스는 강남에 간다. (coming, now) [현재진행]

   (1) [형용사절]

   The bus _____ goes to Gangnam.

   (2) [형용사구]

   The bus _____ goes to Gangnam.

7 건물로 급하게 뛰어 들어가고 있던 여자는 Betty였어. (running into, hurriedly) [과거진행]

   (1) [형용사절]

   The woman _____ was Betty.

   (2) [형용사구]

   The woman _____ was Betty.

8 내 머리 위를 날아다니고 있는 파리를 내가 손으로 잡아볼게. (flying, over, head) [현재진행]

(1) [형용사절]

Let me catch the fly _____ with my hands.

(2) [형용사구]

Let me catch the fly _____ with my hands.

C 형용사구를 이용하여 다음을 영어로 옮기세요.

9 나와 함께 살고 있는 Jane은 매우 성실해요. (living, diligent) [현재]

→ _____

10 그 공원에는 걷고 있는 사람들이 많이 있었다. (there are, many, walking, park) [과거]

→ _____

11 방향을 보여 주는 거리 표지판이 있다. (a road sign, showing, direction) [현재]

→ _____

12 나에게 오후 2시까지 오라고 알려 주는 문자 메시지를 받았다.
(received, text message, telling, by) [과거]

→ _____

13 어떤 여자와 팔짱을 끼고 걸어가고 있는 그 남자는 내 남자친구였어. [과거]
(walking, arm in arm, girl, was, boyfriend)

* arm in arm 팔짱을 끼고

→ _____

상황에 맞게 바꾸자: 형용사절→형용사구

be동사가 있는 형용사절을 형용사구로 바꾸는 법을 좀 더 연습해 보고,
일반동사가 있는 형용사절을 형용사구로 바꾸는 방법도 알아봐요.

1   형용사절을 형용사구로 바꾸기 - be동사가 있는 경우

다음 문장에서 형용사절을 찾아보세요.

> The ideas that are presented in that book are interesting.
> 그 책에서 소개된 생각들은 흥미롭다.

형용사절의 시작을 알리는 것은 관계대명사라고 했어요. 선행사 ideas 뒤에 관계대명사 that이 있으니까 여기서 형용사절이 시작한다는 것을 알 수 있어요. 관계대명사 뒤에 동사 are가 나오고 쭉 따라가면 두 번째 동사 are가 나옵니다. 두 번째 동사 바로 앞까지가 형용사절이므로 that~book이 형용사절입니다. 이 부분이 형용사절이 맞는지 확인하려면 생략해 보면 됩니다.

> The ideas ~~that are presented in that book~~ are interesting.
> → The ideas are interesting. 그 생각들은 흥미롭다.

that~book을 생략해도 문법이 틀리지 않으므로 that~book은 형용사절이 맞아요. 그럼 형용사절을 형용사구로 바꿔 볼까요?

> The ideas **that are presented in that book** are interesting.
>   형용사절
>
> → The ideas ~~that~~ are presented in that book are interesting.
>   ◐ The ideas와 의미상 반복되는 관계대명사 that을 생략한다.
>
> → The ideas ~~that are~~ presented in that book are interesting.
>   ◐ 생략해도 전체 내용에 큰 지장을 주지 않는 be동사를 생략한다.
>
> → The ideas **presented in that book** are interesting.
>   형용사구

형용사절을 형용사구로 바꿨더니 문장이 좀 더 간결해졌어요. 이렇게 관계대명사가 주격(=형용사절 안에서 주어)으로 사용되고 형용사절에 be동사가 있는 경우, 관계대명사와 be동사를 생략하면 형용사구가 됩니다.

② 형용사절을 형용사구로 바꾸기 - 형용사만 남는 경우

다음 문장에서 형용사절을 찾아보세요.

> **Lucy is the woman that is responsible for this.**
> Lucy는 이 일에 대해서 책임이 있는 여자이다.

형용사절은 선행사 woman 뒤에 나오는 관계대명사 that부터 시작해요. that 뒤에 두 번째 동사가 나오기 전에 문장이 끝나므로 문장 끝인 this까지가 형용사절이에요. 형용사절인지 확인해 보기 위해 that~this 부분을 빼 볼게요.

> Lucy is the woman ~~that is responsible for this~~.
> → Lucy is the woman. Lucy는 여자이다.

that~this 부분을 빼도 문법이 틀리지 않으므로 that~this가 형용사절이라는 것을 알 수 있어요. 이 형용사절을 형용사구로 바꿔 볼까요?

> Lucy is the woman <u>that is responsible for this</u>.
>   형용사절
>
> → Lucy is the woman ~~that~~ is responsible for this.
>   ○ the woman과 의미상 반복되는 관계대명사 that을 생략한다.
>
> → Lucy is the woman ~~that is~~ responsible for this.
>   ○ 생략해도 전체 내용에 큰 지장을 주지 않는 be동사를 생략한다.
>
> → Lucy is the woman <u>responsible for this</u>.
>   형용사구

여기에서 for this까지 빼면 어떻게 될까요? 그러면 responsible밖에 남지 않아요. 이렇게 형용사 하나만 남을 경우 명사 앞에서 수식해 주는 것이 자연스러우므로 responsible을 woman 앞으로 자리를 옮길 수 있습니다.

Lucy is the woman **responsible** ~~for this~~.

→ Lucy is the **responsible** woman.
　　　　　　형용사

그럼 다음 두 문장 중에서 어느 것이 더 빈도수가 높을까요?

❶ Lucy is the woman **responsible**.　　○ 강조하는 형태
❷ Lucy is the **responsible** woman.　　○ 일반적인 형태

형용사구로 줄여서 형용사 단어 한 개만 남을 때는 ❷번처럼 형용사를 명사 앞에 보내는 것이 일반적인 방법입니다. 만일 ❶번처럼 형용사 responsible을 명사 뒤에 그대로 두면 강조하는 말이 됩니다.

③ 형용사절을 형용사구로 바꾸기 - 전치사구가 남는 경우

다음 문장에서 형용사절을 찾아보세요.

I know the students that are in the class.
나는 그 수업에 있는 학생들을 알아요.

형용사절의 시작은 선행사 students 뒤에 나오는 관계대명사 that부터예요. that 뒤에 두 번째 동사가 나오기 전에 문장이 끝나므로 문장 끝인 class까지가 형용사절이에요. 형용사절인지 확인해 보기 위해 that~class 부분을 빼 볼게요.

I know the students ~~that are in the class~~.

→ I know the students. 나는 그 학생들을 알아요.

that~class 부분을 빼도 완전한 문장이 됩니다. 따라서 that~class가 형용사절이라는 것을 알 수 있어요. 자, 그럼 이 형용사절을 형용사구로 바꿔 볼까요?

I know the students **that are in the class**.
　　　　　　　　　　　　　　형용사절

→ I know the students ~~that~~ are in the class.
　　　　　　　　　　　○ the students와 의미상 반복되는 관계대명사 that을 생략한다.

→ I know the students ~~that are~~ in the class.
　　　　　　　　　　　○ 생략해도 전체 내용에 큰 지장을 주지 않는 be동사를 생략한다.

→ I know the students **in the class**.
　　　　　　　　　　　　형용사구

형용사절을 형용사구로 바꿨더니 in the class라는 '전치사구'가 남았어요. 이렇게 줄인 문장을 자세히 보니 가장 이상적인 단어 배열(명사+동사+명사 / 전치사+명사)을 따르고 있어요. 이를 통해 <u>가장 이상적인 단어 배열에서 〈전치사+명사〉 부분은 형용사절을 형용사구로 줄인 형태</u>라는 것을 알 수 있어요. 좀 더 예를 들어 볼까요?

❶ I have the money **in my pocket**. 나는 주머니 안에 돈이 있다.
= ❷ I have the money **that is** in my pocket.

❸ I read the book **on the desk**. 나는 책상 위에 있는 책을 읽었다.
= ❹ I read the book **that is** on the desk.

❺ I saw people **on the street**. 나는 길 위에 있는 사람들을 보았다.
= ❻ I saw people **who are** on the street.

❼ I shared the plan **in my head**. 나는 내 머릿속에 있는 계획을 공유했다.
= ❽ I shared the plan **that is** in my head.

❶번은 〈명사+동사+명사 / 전치사+명사〉의 구조로서 가장 이상적인 단어 배열이에요. 그런데 이 문장은 ❷번처럼 형용사절이 있는 문장에서 **that is**가 생략된 겁니다. ❸번도 알고 보면 ❹번에서 **that is**가 생략된 것이고, ❺번도 ❻번에서 **who are**가 생략된 거예요. ❼번도 ❽번에서 **that is**가 생략된 것이고요. 어때요? 이제는 가장 이상적인 단어 배열인 〈명사+동사+명사 / 전치사+명사〉는 형용사절을 형용사구로 줄인 형태라고 확실히 말할 수 있겠죠?

④ 형용사절을 형용사구로 바꾸기 - 일반동사가 있는 경우 ①

다음 문장에서 형용사절을 찾아보세요.

> Anyone who wants to come with us is welcome.
> 우리와 함께 가기를 원하는 사람은 누구든 환영이에요.

형용사절의 시작은 선행사 anyone 뒤에 나오는 관계대명사 who부터예요. who 뒤에 나오는 두 번째 동사인 is 앞인 us까지가 형용사절이에요. 형용사절인지 확인해 보기 위해 who~us 부분을 빼 볼게요.

> Anyone ~~who wants to come with us~~ is welcome.
> → Anyone is welcome. 누구든 환영이에요.

who~us를 빼도 완전한 문장이 되는 것을 통해 who~us가 형용사절이라는 것을 알 수 있어요. 여기서는 관계대명사 who 뒤에 be동사가 아니라 일반동사 wants가 있는데, 이런 경우에는 어떻게 형용사구로 바꿔야 할까요?

> Anyone **who wants to come with us** is welcome.
>   형용사절
> → Anyone ~~who~~ wants to come with us is welcome.
>
> ◯ anyone과 의미상 반복되는 관계대명사 who를 생략한다.
> ◯ 일반동사는 의미상 비중이 크기 때문에 생략하지 못한다.

형용사절 안에 있는 일반동사는 be동사처럼 생략할 수 없습니다. 왜냐하면 일반동사는 be동사와는 달리 내용상 비중이 크기 때문이에요. wants를 생략하면 내용을 제대로 이해할 수 없을 만큼 큰 지장을 줍니다. 그렇다고 wants를 그대로 두면 wants 앞에 다른 주어를 쓸 수 있게 되고, 다른 주어를 쓰면 형용사구로 바꿀 수가 없어요. 결국 wants의 뜻은 유지하되 wants 앞에 주어를 쓸 수 없도록 형태를 바꿔야 해요. wants가 동사로 쓰이지 않도록 바꾸는 방법은 바로 -ing(~하는)를 붙이는 겁니다.

> Anyone ~~who~~ wants to come with us is welcome.
> → Anyone **wanting to come with us** is welcome.
>   형용사구
>
> ◯ 동사의 원형에 -ing를 붙여서 동사로 쓰이지 못하게 만든다.

바로 이것이 일반동사가 있는 형용사절을 형용사구로 바꾸는 방법입니다.

5. 형용사절을 형용사구로 바꾸기 - **일반동사가 있는 경우 ②**

다음 문장에서 형용사절을 찾아보세요.

> **I bought a laptop that cost 900 dollars.**
> 나는 가격이 900달러인 노트북을 샀어요.

형용사절의 시작은 선행사 laptop 뒤에 나오는 관계대명사 that부터예요. that 뒤에 동사 cost가 나오고, 두 번째 동사가 나오기 전에 문장이 끝나므로 that~dollars가 형용사절이에요. 형용사절인지 확인해 보기 위해 that~dollars 부분을 빼 볼게요.

> I bought a laptop ~~that cost 900 dollars~~.
> → I bought a laptop. 나는 노트북을 샀어요.

that~dollars를 빼도 완전한 문장이 되는 것을 통해 that~dollars가 형용사절이라는 것을 알 수 있어요. 일반동사 cost가 있는 이 형용사절을 형용사구로 바꿔 볼까요?

> I bought a laptop <u>that cost 900 dollars</u>.
> 　　　　　　　　　　　　형용사절
> → I bought a laptop ~~that~~ cost 900 dollars.
> 　　　　○ a laptop과 의미상 반복되는 관계대명사 that을 생략한다.
> → I bought a laptop <u>costing 900 dollars</u>.
> 　　　　　　　　　　　형용사구
> 　　　　○ cost에 -ing를 붙여서 동사로 쓰이지 못하게 만든다.

이제 일반동사가 있는 형용사절도 형용사구로 바꿀 수 있겠죠?

6 형용사절을 형용사구로 바꾸기 - 형용사절에 자체 주어가 있는 경우

다음 문장에서 형용사절을 찾아보세요.

The students that I know are studying a lot.
내가 아는 학생들은 공부를 많이 하고 있다.

형용사절의 시작은 선행사 students 뒤에 나오는 관계대명사 that부터예요. that 뒤에 나오는 두 번째 동사인 are 앞인 know까지가 형용사절이에요. 형용사절인지 확인해 보기 위해 that I know 부분을 빼 볼게요.

The students ~~that I know~~ are studying a lot.
→ The students are studying a lot. 그 학생들은 공부를 많이 하고 있다.

that I know를 빼도 완전한 문장이 되므로 that I know는 형용사절이 맞아요. 이 형용사절을 형용사구로 바꿔 볼까요?

The students **that I know** are studying a lot.
　　　　　　형용사절

→ The students ~~that~~ I know are studying a lot.
　　　　○ the students와 의미상 반복되는 관계대명사 that을 생략한다.

→ The students I know are studying a lot.
　　　　○ 형용사절의 주어인 I와 일반동사 know는 생략할 수 없다.

앞에서 연습했던 형태와 달리, 형용사절 that I know 안에는 자체 주어 I가 있어요. 그런데 I는 문장 어디에도 반복되는 단어가 없으므로 생략할 수 없습니다. 또 일반동사인 know는 생략할 경우 '알고 있다'는 의미가 사라져 버려 내용에 큰 지장을 주기 때문에 생략할 수 없어요.

결국, 위와 같이 형용사절에 자체 주어가 있는 경우에는 주어를 생략하지 못하기 때문에 형용사구로 고칠 수 없고, 문장을 가능한 한 짧게 줄이려면 내용상 반복되는 관계대명사만 생략할 수 있어요.

⑦ 관계대명사 주격 vs 목적격

앞에서 배운 것을 좀 더 문법적으로 정리해 볼게요. 관계대명사에는 주격과 목적격이 있어요. 다음 예문을 통해서 구분해 봐요.

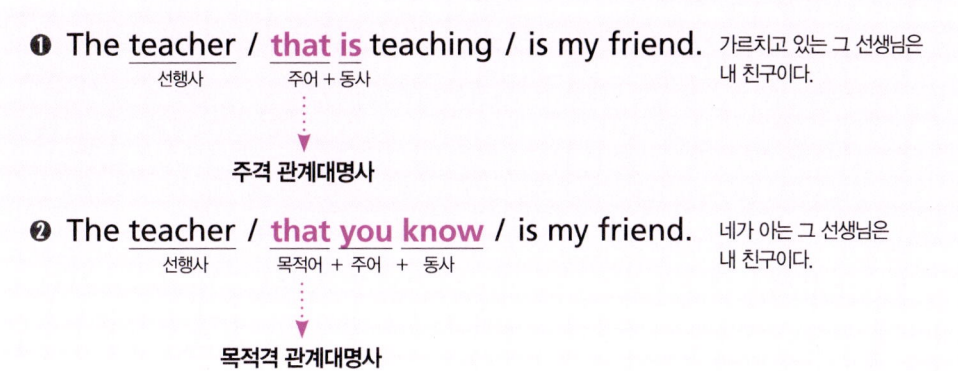

❶번에서는 관계대명사 that이 형용사절에서 주어 역할을 하고 있으므로 이를 '주격 관계대명사'라고 합니다. ❷번에서는 관계대명사 that이 형용사절 you know에서 내용상 목적어 역할 '너는 그것(that)을 안다'이며, 이를 '목적격 관계대명사'라고 합니다.

(1) **주격 관계대명사의 경우: '관계대명사+be동사' 생략 가능**

The teacher ~~that is~~ teaching is my friend.
→ The teacher teaching is my friend.

(2) **목적격 관계대명사의 경우: '관계대명사'만 생략 가능**

The teacher ~~that~~ you know is my friend.
→ The teacher you know is my friend.

(1)번처럼 형용사절에 **주격 관계대명사**와 be동사가 보이면 관계대명사와 be동사를 생략해서 형용사구로 바꿀 수 있습니다. 하지만 (2)번처럼 형용사절에 **목적격 관계대명사**가 보이면 관계대명사 that만 생략할 수 있고 형용사절의 주어나 동사는 생략할 수 없습니다.

개념 정리 Quiz

1 다음 중 틀린 설명을 고르세요.

① 형용사절은 바로 앞에 있는 명사에 대한 추가 설명이다.
② 형용사절 안에는 반드시 주어와 동사가 있다.
③ be동사가 있는 형용사절을 형용사구로 바꿀 때는 관계대명사와 be동사를 생략한다.
④ 일반동사가 있는 형용사절을 형용사구로 바꿀 때는 관계대명사와 일반동사를 생략한다.

2 다음 문장의 빈칸에 들어갈 말로 적절하지 않은 것을 고르세요.

> A man _____ is wise.

① who prepares for the future
② who can manage time
③ knowing his shortcomings
④ is sleeping and hiding

3 밑줄 친 부분을 형용사구로 고칠 수 없는 문장을 고르세요.

① I misunderstood the woman <u>who was in our group</u>.
② She had someone <u>who supported her</u>.
③ I can't hear the words <u>that you are saying</u>.
④ The news <u>that comes from the head office</u> is trustworthy.

4 다음 중 생략할 수 있는 것을 고르세요.

> <u>The</u> woman <u>that</u> you like <u>is</u> my <u>friend</u>.
> ①   ②   ③ ④

* manage 관리하다 shortcoming 약점 misunderstand 오해하다 head office 본사 trustworthy 믿을 만한

5 각 문장의 형용사절을 형용사구로 바꿔서 문장을 다시 쓰세요.

(1) Why don't you tell me the condition that is in your mind?

→ _____

(2) Where do I get the pamphlet that shows the location and the time?

→ _____

(3) The cookies which were made for your birthday party were boxed.

→ _____

(4) The candies that are displayed in the window look very sweet.

→ _____

(5) Mistakes are proof that tells that you are trying.

→ _____

* condition 조건   pamphlet 팸플릿   display 진열하다

Practice

A 형용사절이나 형용사구를 찾아서 밑줄을 치고, 문장을 해석하세요.

1 I heard a sound <u>coming from the corner</u>.

   → _____

2 Where is the water purifier that was broken?   * water purifier 정수기

   → _____

3 I like your question that is simple but thoughtful.   * thoughtful 생각이 깊은

   → _____

4 He is the owner working all day.

   → _____

5 The picture that is very colorful costs 2,000 dollars.

   → _____

B 주어진 조건에 맞춰 다음을 영어로 옮기세요.

6 나는 화요일에 하는 그 TV 드라마를 놓치고 싶지 않아요. (is, Tuesday) [현재]

   (1) [that이 들어간 형용사절]

   I don't want to miss the TV drama _____.

   (2) [형용사구]

   I don't want to miss the TV drama _____.

7 아침마다 그 건설 공사로 인해 야기되는 교통 체증이 있다.
   (caused by, the construction work) [현재]

   (1) [that이 들어간 형용사절]

   Every morning there is a traffic jam _____.

   (2) [형용사구]

   Every morning there is a traffic jam _____.

8 나는 공부할 때마다 부드럽고 차분한 음악을 틀었다. (smooth, calm) [현재]

(1) [that이 들어간 형용사절]

Whenever I study, I turned on music _____.

(2) [형용사구]

Whenever I study, I turned on music _____.

9 거기는 3일이 넘게 걸리는 먼 거리야. (takes, more than) [현재]

(1) [that이 들어간 형용사절]

It is a long distance _____.

(2) [형용사구]

It is a long distance _____.

10 나는 아침 8시에 시작하는 중요한 회의가 있어. (starts, in the morning) [현재]

(1) [that이 들어간 형용사절]

I have an important meeting _____.

(2) [형용사구]

I have an important meeting _____.

손에 잡힐 때까지 바꾸자: 형용사절→형용사구

지금까지 배운 '형용사절을 형용사구로 바꾸는 방법'을 좀 더 연습해 봐요.
형용사절의 동사가 무엇인지 확인하면서 알맞게 바꿔 봐요.

1 형용사절을 형용사구로 바꾸기 ①

다음 문장에서 형용사절을 찾아보세요.

> James that lives with his family takes care of his parents.
> 가족과 함께 사는 James는 자기 부모님을 돌본다.

형용사절의 시작은 선행사 James 뒤에 있는 관계대명사 that부터예요. that 뒤에 동사 lives가 나오고 쭉 따라가다 보면 두 번째 동사 takes가 나옵니다. 두 번째 동사 바로 앞까지가 형용사절이므로 that ~family가 형용사절입니다. 형용사절인지 확인해 보기 위해 that~family 부분을 빼 볼게요.

> James ~~that lives with his family~~ takes care of his parents.
> → James takes care of his parents. James는 자기 부모님을 돌본다.

that~family를 생략해도 문법에 지장이 없으므로 이 부분은 형용사절이 맞아요. 일반동사 lives가 있는 형용사절을 형용사구로 바꿔 봅시다.

> James **that lives with his family** takes care of his parents.
>   형용사절
> → James ~~that~~ **lives with his family** takes care of his parents.
>   ○ James와 의미상 반복되는 주격 관계대명사 that을 생략한다.
> → James **living with his family** takes care of his parents.
>   형용사구
>   ○ live에 -ing를 붙여서 동사로 쓰이지 못하게 만든다.

이렇게 형용사절에 일반동사가 있는 경우에는 동사원형에 -ing를 붙여서 형용사구로 만듭니다.

② 형용사절을 형용사구로 바꾸기 ②

다음 문장에서 형용사절을 찾아보세요.

> She drank water that was hot.
> 그녀는 뜨거운 물을 마셨다.

형용사절의 시작은 선행사 water 뒤에 나오는 관계대명사 that부터예요. that 뒤에 동사 was가 나온 후 두 번째 동사가 나오기 전에 문장이 끝나므로 that~hot이 형용사절이에요. 형용사절인지 확인해 보기 위해 that~hot 부분을 빼 볼게요.

> She drank water ~~that was hot~~.
> → She drank water. 그녀는 물을 마셨다.

that~hot을 빼도 완전한 문장이 되므로 that~hot은 형용사절이 맞습니다. 이렇게 be동사(was)가 있을 때는 어떻게 형용사구로 바꿀까요?

> She drank water <u>that was hot</u>. 그녀는 뜨거운 물을 마셨다.
>   형용사절
> → She drank water ~~that~~ was hot.   ○ water와 의미상 반복되는 주격 관계대명사 that을 생략한다.
> → She drank water ~~that was~~ hot.   ○ 생략해도 내용에 큰 지장을 주지 않는 be동사를 생략한다.
> → She drank water <u>hot</u>.
>   형용사

이렇게 형용사 hot 하나만 남을 경우 명사 앞에서 수식하는 것이 자연스러우므로 hot을 water 앞으로 자리를 옮깁니다.

> She drank water **hot**.
> → She drank **hot** water.

어느 것이 더 빈도수가 높을까요?

> ❶ She drank water **hot**.   ○ 강조하는 형태
> ❷ She drank **hot** water.   ○ 일반적인 형태

형용사만 남을 때는 ❷번처럼 형용사를 명사 앞으로 보내는 것이 일반적인 표현 방법입니다. 만일 ❶번처럼 형용사 hot을 명사 뒤에 그대로 남겨 두면 강조하는 말이 됩니다.

이를 통해 알 수 있듯이, <형용사+명사>는 형용사절을 줄인 형태라고 할 수 있어요. 즉, the difficult class는 the class that is difficult와 같다고 할 수 있어요. 예를 좀 더 확인해 볼까요?

형용사 + 명사	형용사절
the **difficult** class	= the class **that is difficult** 어려운 수업
the **interesting** movie	= the movie **that is interesting** 재미있는 영화
the **pretty** woman	= the woman **that/who is pretty** 예쁜 여인
the **handsome** man	= the man **that/who is handsome** 잘생긴 남자
the **sunny** day	= the day **that is sunny** 화창한 날
the **tall** building	= the building **that is tall** 높은 건물

형용사는 쉬운 문법이고 형용사절은 어려운 문법이라고 생각하는 경향이 있는데, 사실 이 둘은 알고 보면 동일한 수준의 문법입니다. 이제 형용사절을 형용사처럼 쉬운 문법으로 여기고 자주 사용하도록 하세요.

③ 형용사절을 형용사구로 바꾸기 ③

다음 문장에서 형용사절을 찾아보세요.

> Students who finished the test early left the classroom.
> 일찍 시험을 마친 학생들은 교실을 떠났다.

형용사절의 시작은 선행사 Students 뒤에 나오는 관계대명사 who부터예요. 두 번째 동사 left가 나오기 전까지인 who~early가 형용사절이에요. 형용사절인지 확인해 보기 위해 who~early 부분을 빼 볼게요.

> Students ~~who finished the test early~~ left the classroom.
> → Students left the classroom. 학생들은 교실을 떠났다.

who~early를 빼도 완전한 문장이 되므로 who~early는 형용사절이 맞습니다. 형용사절 안에 있는 일반동사 finish를 어떻게 바꿔야 형용사구가 될까요?

Students **who finished the test early** left the classroom.
　　　　　　　　형용사절

→ Students ~~who~~ finished the test early left the classroom.
　　　　　　　　　　⊙ Students와 의미상 반복되는 주격 관계대명사 who를 생략한다.

→ Students **finishing the test early** left the classroom.
　　　　　　　　형용사구
　　　　　　　　　⊙ finish에 -ing를 붙여서 동사로 쓰이지 못하게 만든다.

④ 형용사절을 형용사구로 바꾸기 ④

다음 문장에서 형용사절을 찾아보세요.

I took the test that was important last week.
나는 지난주에 중요한 시험을 봤다.

형용사절의 시작은 선행사 test 뒤에 나오는 관계대명사 that이고 끝나는 부분은 important입니다. 이 부분이 형용사절인지 확인해 보기 위해 that~important 부분을 빼 볼게요.

I took the test ~~that was important~~ last week.
→ I took the test last week. 나는 지난주에 시험을 봤다.

that~important를 빼도 완전한 문장이 되므로 that~important는 형용사절이 맞습니다. 이렇게 형용사절 안에 be동사(was)가 있을 때는 어떻게 형용사구로 고칠까요?

I took the test **that was important** last week.
　　　　　　　　　형용사절

→ I took the test ~~that was~~ important last week.
　　　　　　　⊙ test와 의미상 반복되는 주격 관계대명사 that을 생략한다.
　　　　　　　⊙ 생략해도 내용에 큰 지장을 주지 않는 be동사를 생략한다.

→ I took the test **important** last week.
　　　　　　　　형용사
　　　　　　　⊙ important를 test 뒤에 두면 강조하는 의미로 전달된다.

→ I took the **important** test last week.
　　　　　　　⊙ 형용사 important를 명사 test 앞으로 옮기는 것이 자연스럽다.

5　형용사절을 형용사구로 바꾸기 ⑤

다음 문장에서 형용사절을 찾아보세요.

> The woman that was impressed in the Sunday service shouted "Sure."
> 일요 예배에서 감동을 받은 그 여자는 "물론이죠."라고 외쳤다.
> * service (종교적인) 의식, 예배

형용사절의 시작은 선행사 woman 뒤에 나오는 관계대명사 that부터예요. 그리고 두 번째 동사인 shouted가 나오기 전인 that~service까지가 형용사절이에요. 형용사절인지 확인해 보기 위해 that ~service 부분을 빼 볼게요.

> The woman ~~that was impressed in the Sunday service~~ shouted "Sure."
> → The woman shouted "Sure." 그 여자는 "물론이죠."라고 외쳤다.

that~service를 빼도 문법이 틀리지 않는 완전한 문장이 되므로 that~service는 형용사절이 맞아요. be동사가 있는 이 형용사절을 형용사구로 바꿔 볼까요?

> The woman **that was impressed in the Sunday service** shouted "Sure."
> 　　　　　　　　　　　　　형용사절
> → The woman ~~that was~~ impressed in the Sunday service shouted "Sure."
> 　　　❍ woman과 의미상 반복되는 주격 관계대명사 that을 생략한다.
> 　　　❍ 생략해도 내용에 큰 지장을 주지 않는 be동사를 생략한다.
> → The woman **impressed in the Sunday service** shouted "sure."
> 　　　　　　　　　　　형용사구

이 문장은 다음과 같이 바꿀 수도 있습니다.

> The woman **impressed** in the Sunday service shouted "sure."
> → The **impressed** woman in the Sunday service shouted "Sure."
> 　　　❍ 형용사를 명사 앞으로 보낼 수 있다.
> → **In the Sunday service**, the impressed woman shouted "Sure."
> 　　　❍ 부연 설명인 <전치사+명사>를 문장 앞에 쓸 수 있다.

6 형용사절을 형용사구로 바꿀 수 없는 경우 ①

다음 문장에서 형용사절을 찾아보세요.

> **Who took my book that I bought yesterday?**
> 내가 어제 산 책을 누가 가져갔지?

형용사절의 시작은 선행사 **book** 뒤에 나오는 관계대명사 **that**부터예요. **that** 뒤에 동사 **bought**가 나온 후 두 번째 동사가 나오기 전에 문장이 끝나므로 **that~yesterday**가 형용사절이에요. 형용사절인지 확인해 보기 위해 **that~yesterday** 부분을 빼 볼게요.

> Who took my book ~~that I bought yesterday~~?
> → Who took my book? 내 책을 누가 가져갔지?

that~yesterday를 빼도 문법이 틀리지 않는 완전한 문장이므로 **that~yesterday**는 형용사절이 맞습니다. 그런데 이 형용사절에는 주어 **I**가 있어요. 이런 경우 형용사절을 형용사구로 바꿀 수 있을까요?

> Who took my book **that I bought yesterday**?
>   　　　　　　　　　　　형용사절
> → Who took my book ~~that~~ I bought yesterday?
>   　　　　　● **book**과 의미상 반복되는 목적격 관계대명사 **that**을 생략한다.
>   　　　　　● 형용사절의 자체 주어인 **I**는 생략할 수 없다.
> → Who took my book **I bought yesterday**?

that I bought는 사실 **I bought that**(=**my book**)에서 **that**의 위치만 바뀐 구조로서, 앞으로 나간 **that**은 의미상 **bought**의 목적어 역할을 하고 있어요. 따라서 이 **that**은 '목적격 관계대명사'입니다. 이 경우 형용사절 안에 자체 주어 **I**가 있는데, **I**는 문장 어디에도 반복되는 단어가 없으므로 생략할 수 없습니다. 주어를 생략할 수 없기 때문에 주어와 연결된 동사도 생략하거나 -ing 형태로 바꿀 수 없습니다. 단지 목적격 관계대명사인 **that**만 생략할 수 있습니다. 정리하면, <u>목적격 관계대명사가 있는 형용사절은 형용사구로 고칠 수 없습니다.</u>

7 형용사절을 형용사구로 바꿀 수 없는 경우 ②

다음 문장에서 형용사절을 찾아보세요.

> The movie that I saw with my friend was awesome.
> 내 친구와 같이 본 그 영화는 굉장히 좋았다.
> * awesome 기막히게 좋은, 굉장한

형용사절의 시작은 선행사 movie 뒤에 나오는 관계대명사 that부터예요. 두 번째 동사 was가 나오기 전인 that~friend가 형용사절이에요. 형용사절인지 확인해 보기 위해 that~friend 부분을 빼 볼게요.

> The movie ~~that I saw with my friend~~ was awesome.
> → The movie was awesome. 그 영화는 굉장히 좋았다.

that~friend를 빼도 완전한 문장이므로 that~friend는 형용사절이 맞아요. 그런데 이 형용사절에는 자체 주어 I가 있어요. 이런 경우 형용사절을 형용사구로 줄일 수 있을까요?

> The movie <u>that I saw with my friend</u> was awesome.
>   형용사절
> → The movie ~~that~~ I saw with my friend was awesome.
>   ○ movie와 의미상 반복되는 목적격 관계대명사 that을 생략한다.
>   ○ 형용사절의 자체 주어인 I는 생략할 수 없다.
> → The movie I saw with my friend was awesome.

that I saw with my friend는 I saw **that** with my friend에서 **that**의 위치만 바뀐겁니다. **that**(그것을)은 의미상 saw(보았다)의 목적어인 The movie입니다. 그래서 that은 목적격 관계대명사예요. 이 경우에는 형용사절 안에 자체 주어 I가 있는데 I는 문장 어디에도 반복되는 단어가 없으므로 생략할 수 없습니다. 주어를 생략할 수 없기 때문에 주어와 연결된 동사도 생략하거나 -ing 형태로 바꿀 수 없습니다. 단지 the movie 대신 쓰인 목적격 관계대명사인 **that**만 생략할 수 있습니다.

개념 정리 Quiz

1 다음 글에 쓰인 형용사절을 모두 찾아 밑줄을 치세요.

> The easiest kind of relationship I have is with 10,000 people.
> The hardest is with the one I live with.

2 다음 글에서 형용사절을 형용사구로 바꾼 것은 모두 몇 개일까요?

> There is an old saying, "A friend helping in need is a friend indeed."
> We sometimes meet a difficulty giving us a hard time. A friend staying with us in a difficult time is a true friend. Without having a friend, our life will be like the desert.

① 2개   ② 3개   ③ 4개   ④ 5개

3 형용사절을 형용사구로 바꿀 수 없는 문장을 고르세요.

① The place that we are going to go is getting famous.
② We are going to the place that is getting famous.
③ The place that is getting famous is our destination.
④ We are getting to the place that is going to be famous.

4 다음 중 〈보기〉와 같이 바꿀 수 없는 문장을 고르세요.

> 〈보기〉 There are some students studying all night and preparing for the test.

① There are some students who are studying all night and preparing for the test.
② There are some students who I study with all night and prepare for the test.
③ There are some students who study all night and prepare for the test.
④ There are some students who have studied all night and prepared for the test.

* in need 어려움에 처한 indeed 정말, 확실히 destination 목적지

5 각 문장에 쓰인 형용사절을 **형용사구**로 바꿔서 문장을 다시 쓰세요.

(1) The milk that was sold in the store was 2 weeks old.

→ _____

(2) This is the last thing that is on the list.

→ _____

(3) I put a bandage on my arm that has a scratch on it.

→ _____

(4) It was a joke that makes people laugh.

→ _____

(5) There were students who were taking a test in a classroom.

→ _____

6 **형용사구**를 사용해서 다음을 영어로 옮기세요.

(1) 계속해서 변하는 사회 (changing, continuously)

→ society _____

(2) 문법을 가르치는 책 (teaching, grammar)

→ a book _____

(3) 그 식당에서 먹고 있는 사람들 (eating, the restaurant)

→ people _____

* bandage 붕대   scratch 상처, 찰과상

Practice

A 주어진 조건에 맞춰 다음을 영어로 옮기세요.

1 너는 어제 시작한 영화의 제목을 아니? (started)

  (1) [형용사절]

  Do you know the title of the movie _____?

  (2) [형용사구]

  Do you know the title of the movie _____?

2 이것은 많은 정보를 주는 여행가이드입니다. (much information)

  (1) [형용사절]

  This is the travel guide _____.

  (2) [형용사구]

  This is the travel guide _____.

3 3과에 있는 단어들이 시험에 많이 나왔었다. (are, chapter, test)

  (1) [형용사절]

  Many words _____.

  (2) [형용사구]

  Many words _____.

4 AI가 쓴(AI에 의해 쓰인) 책이 인기가 있어? (written by, popular)

  (1) [형용사절]

  Is the book _____?

  (2) [형용사구]

  Is the book _____?

5 여기에서 살고 있는 Tom과 함께 가자! (living)

(1) [형용사절]

Let's go with Tom _____!

(2) [형용사구]

Let's go with Tom _____!

B 다음 형용사절을 사용해서 문장을 자유롭게 만들어 보세요.

6 a gift that my friend gave

→ _____

7 the dream that I had last night

→ _____

8 the bag that is expensive

→ _____

9 the mistake that I made

→ _____

10 everyone who applied for this job

→ _____

모든 문장은 이렇게 길어진다

형용사절을 형용사구로 바꾸는 방법을 다시 정리한 다음, 긴 글을 통해 형용사절의 쓰임을 살펴볼 거예요. 형용사절을 쓰기 전과 후의 글을 비교하면서 형용사절의 힘을 확인해 보세요.

1 형용사절을 형용사구로 바꾸는 2가지 방법

형용사절을 형용사구로 바꾸는 방법에는 '감각적인 방법'과 '문법적인 방법'이 있어요.

(1) 감각적인 방법

❶ I want to see the man ~~who is~~ working in the office.
→ I want to see the man **working in the office**.
　나는 사무실에서 일하고 있는 그 남자를 보고 싶다.

형용사절을 형용사구로 줄이기 위해서는 반복되는 단어를 생략하면 됩니다. 형용사절의 who는 의미상으로 동일인물인 man을 가리키므로 생략할 수 있어요. be동사는 생략해도 의미상 큰 지장을 주지 않기 때문에 생략합니다.

❷ I want to see the man ~~who~~ works in the office.
→ I want to see the man **working in the office**.
　나는 사무실에서 일하는 그 남자를 보고 싶다.

who는 의미상으로 동일인물인 man을 가리키므로 생략할 수 있어요. 하지만 일반동사 work는 의미상 중요하기 때문에 생략할 수 없어요. work를 넣어 주되 동사의 성격을 버리게 하기 위해 -ing를 붙여서 working(일하는)을 만듭니다.

❸ I want to see the man ~~who~~ you introduced.
→ I want to see the man **you introduced**.
　나는 네가 소개했던 그 남자를 보고 싶다.

LESSON 54 • 125

여기서 who는 의미상으로 앞에 있는 man을 가리키므로 생략할 수 있어요. 하지만 형용사절의 자체 주어인 you는 문장 속에서 반복되지도 않고 의미상으로도 중요하기 때문에 생략할 수 없어요. 따라서 이런 경우에는 형용사절을 형용사구로 바꿀 수 없습니다.

(2) 문법적인 방법

이번에는 문법적인 방법으로 설명해 볼게요.

❶ I want to see the man ~~who is~~ working in the office.
→ I want to see the man **working in the office**.
나는 사무실에서 일하고 있는 그 남자를 보고 싶다.

형용사절을 형용사구로 고칠 때 관계대명사가 주격이고 그 뒤에 be동사가 오면 관계대명사와 be동사를 모두 생략합니다.

❷ I want to see the man ~~who~~ works in the office.
→ I want to see the man **working in the office**.
나는 사무실에서 일하는 그 남자를 보고 싶다.

형용사절을 형용사구로 고칠 때 관계대명사가 주격이고 그 뒤에 일반동사가 오면 관계대명사를 생략하고 일반동사의 원형에 -ing를 붙입니다.

❸ I want to see the man ~~who~~ you introduced.
→ I want to see the man **you introduced**.
나는 네가 소개했던 그 남자를 보고 싶다.

관계대명사가 목적격인 경우 관계대명사만 생략할 수 있고, 자체 주어를 가지고 있는 형용사절은 형용사구로 고칠 수 없습니다.

형용사절을 형용사구로 바꾸는 감각적인 방법과 문법적인 방법을 알아봤는데, 문법적인 설명이 어려우면 감각적인 방법으로만 이해해도 괜찮아요. '형용사절-형용사구'를 바라보는 시야가 넓어지고, '형용사절-형용사구'를 쓸 수 있으면 대성공입니다.

② 글의 수준을 높이는 형용사절의 활용

다음은 대학교 심리학 교재의 내용으로서 형용사절을 쓰기 전과 쓰고 난 후에 글의 수준이 어떻게 바뀌는지 살펴볼 수 있는 좋은 자료입니다. 우선 형용사절을 쓰기 전의 글을 읽어 보세요. 가장 이상적인 단어 배열(명사+동사+명사 / 전치사+명사)을 확인하면서 해석해 보세요.

Many people saw the movie "Psycho". (An) Actress Janet
<small>강조을 위해서 부정관사 An 생략가능</small>
Leigh portrayed a woman. The woman was brutally murdered by a man. The man stabbed her many times. She screamed in this bloody scene. After the movie, the viewers still heard her scream. The scream echoed in the viewers' ears.

Janet Leigh had the same experience like the others. She heard her own scream. She could not take a shower until she died at the age of 77.

People learn fears and phobias from their parents, movies, TV, books, and close friends. Most people exaggerate fears and phobias about insects, animals, and even daily items. We know this very well, but fear.

<small>많은 사람들이 〈Psycho〉라는 영화를 보았다. 여배우 Janet Leigh는 한 여자의 역할을 맡아 연기했다. 그 여자는 한 남자에게 잔인하게 살해를 당했다. 그 남자는 그녀를 (칼로) 여러 번 찔렀다. 그녀는 이 피투성이 장면에서 비명을 질렀다. 영화가 끝난 후, 관객들의 귀에는 여전히 그녀의 비명 소리가 들렸다. 그 비명 소리는 관객들의 귀에서 메아리쳤다.
Janet Leigh도 다른 사람들처럼 똑같은 경험을 했다. 그녀의 귀에는 자기 자신의 비명 소리가 들렸다. 그녀는 77세의 나이로 죽을 때까지 샤워를 할 수 없었다.
사람들은 자신의 부모, 영화, TV, 책, 그리고 가까운 친구들에게서 두려움과 공포를 배운다. 대부분의 사람들은 벌레들, 동물들, 심지어는 일상적인 물건들에 대한 두려움과 공포를 과장한다. 우리는 이것을 아주 잘 알면서도 두려워한다.</small>

* actress 여배우 portray 연기하다 brutally 잔인하게 murder 살해하다 stab (칼로) 찌르다 scream 비명을 지르다; 비명 viewer 관객 echo (소리가) 울리다, 메아리치다 fear 두려움 phobia 공포(증) exaggerate 과장하다 insect 곤충, 벌레

형용사절이 없는 위 글에 형용사절을 넣어 볼게요. 형용사절을 넣으면 문장의 길이가 길어지고 내용이 더 자세해지겠죠. 명사 뒤에 형용사절이 어떻게 붙는지 살펴보세요. (* 괄호 속 '주격', '목적격'은 '주격 관계대명사 용법', '목적격 관계대명사 용법'을 축약해서 표시한 것임)

Before Many people saw the movie "Psycho."
많은 사람들이 〈Psycho〉라는 영화를 보았다.

After Many [people] *we know* saw the movie "Psycho."
　　　　　　명사　　형용사절(목적격)
우리가 아는 많은 사람들이 〈Psycho〉라는 영화를 보았다.

Before Actress Janet Leigh portrayed a woman.
여배우 Janet Leigh는 한 여자의 역할을 맡아 연기했다.

After Actress Janet Leigh portrayed a [woman] *who/that was killed in the movie*.
　　　　　　　　　　　　　　　　　　명사　　　　형용사절(주격)
여배우 Janet Leigh는 그 영화에서 살해를 당한 한 여자의 역할을 맡아 연기했다.

Before The woman was brutally murdered by a man.
그 여자는 한 남자에게 잔인하게 살해를 당했다.

After The woman was brutally murdered by a [man] *who/that has a sharp knife*.
　　　　　　　　　　　　　　　　　　　　　명사　　　형용사절(주격)
그 여자는 날카로운 칼을 가진 한 남자에게 잔인하게 살해를 당했다.

Before After the movie, the viewers still heard her scream.
영화가 끝난 후, 관객들의 귀에는 여전히 그녀의 비명 소리가 들렸다.

After After the movie, the [viewers] *who/that saw this murder scene* still heard her scream.
　　　　　　　　　　　　명사　　　　형용사절(주격)
영화가 끝난 후, 이 살해 장면을 본 관객들의 귀에는 여전히 그녀의 비명 소리가 들렸다.

Before The scream echoed in the viewers' ears.
그 비명 소리는 관객들의 귀에서 메아리쳤다.

After The [scream] *she made/gave* echoed in the viewers' ears.
　　　　　명사　　형용사절(목적격)
그녀가 질렀던 비명 소리는 관객들의 귀에서 메아리쳤다.

Before Janet Leigh had the same experience like the others.
Janet Leigh는 다른 사람들처럼 똑같은 경험을 했다.

After Janet Leigh [명사] who/that made/gave the scream [형용사절(주격)] had the same experience like the others [명사] who/that saw the murder scene [형용사절(주격)].

비명을 질렀던 Janet Leigh는 살해 장면을 본 다른 사람들처럼 똑같은 경험을 했다.

Before People learn fears and phobias from their parents, movies, TV, books, and close friends.
사람들은 자신의 부모, 영화, TV, 책, 그리고 가까운 친구들에게서 두려움과 공포를 배운다.

After People learn fears and phobias from their parents [명사] they live with [형용사절(목적격)], movies [명사] they see [형용사절(목적격)], TV [명사] they enjoy watching [형용사절(목적격)], books [명사] they read [형용사절(목적격)], and close friends [명사] they meet [형용사절(목적격)].

사람들은 함께 사는 자신의 부모, 그들이 보는 영화, 그들이 즐겨 보는 TV, 그들이 읽는 책, 그리고 그들이 만나는 친한 친구들에게서 두려움과 공포를 배운다.

Before Most people exaggerate fears and phobias about insects, animals, and even daily items.
대부분의 사람들은 벌레들, 동물들, 심지어는 일상적인 물건들에 대한 두려움과 공포를 과장한다.

After Most people exaggerate fears and phobias about insects [명사] we see [형용사절(목적격)], animals [명사] we learn [형용사절(목적격)], and even daily items [명사] we use [형용사절(목적격)].

대부분의 사람들은 우리가 보는 벌레들, 우리가 배우는 동물들, 심지어는 우리가 사용하는 일상적인 물건들에 대한 두려움과 공포를 과장한다.

형용사절을 쓰기 전과 쓰고 난 후의 글의 차이가 느껴지나요? 형용사절을 쓴 문장은 길이가 길어지고 더 자세한 내용을 전달하면서 수준이 훨씬 높아졌어요. 바로 이것이 형용사절이 우리에게 주는 혜택이에요.

형용사절이 들어가 있는 글을 다시 한 번 읽으면서 글의 수준이 얼마나 올라갔는지 확인해 보세요.

After

Many **people** <u>we know</u> saw the movie "Psycho." Actress Janet Leigh portrayed a **woman** <u>who/that was killed in the movie</u>. The woman was brutally murdered by a **man** <u>who/that has a sharp knife</u>. The man stabbed her many times. She screamed in this bloody scene. After the movie, the **viewers** <u>who/that saw this murder scene</u> still heard her scream. The **scream** <u>she made/gave</u> echoed in the viewers' ears.

Janet Leigh <u>who/that made/gave the scream</u> had the same experience like **the others** <u>who/that saw the murder scene</u>. She heard her own scream. She could not take a shower until she died at the age of 77.

People learn fears and phobias from their **parents** <u>they live with</u>, **movies** <u>they see</u>, **TV** <u>they enjoy watching</u>, **books** <u>they read</u>, and close **friends** <u>they meet</u>. Most people exaggerate fears and phobias about **insects** <u>we see</u>, **animals** <u>we learn</u>, and even daily **items** <u>we use</u>. We know this very well, but fear.

우리가 아는 많은 사람들이 〈Psycho〉라는 영화를 보았다. 여배우 Janet Leigh는 그 영화에서 살해를 당한 한 여자의 역할을 맡아 연기했다. 그 여자는 날카로운 칼을 가진 한 남자에게 잔인하게 살해를 당했다. 그녀는 이 피투성이의 장면에서 비명을 질렀다. 영화가 끝난 후, 이 살해 장면을 본 관객들의 귀에는 여전히 그녀의 비명 소리가 들렸다. 그녀가 질렀던 비명 소리는 관객들의 귀에서 메아리쳤다.

비명을 질렀던 Janet Leigh는 살해 장면을 본 다른 사람들처럼 똑같은 경험을 했다. 그녀의 귀에는 자기 자신의 비명 소리가 들렸다. 그녀는 77세의 나이로 죽을 때까지 샤워를 할 수 없었다.

사람들은 함께 사는 자신의 부모, 그들이 보는 영화, 그들이 즐겨 보는 TV, 그들이 읽는 책, 그리고 그들이 만나는 친한 친구들에게서 두려움과 공포를 배운다. 대부분의 사람들은 우리가 보는 벌레들, 우리가 배우는 동물들, 심지어는 우리가 사용하는 일상적인 물건들에 대한 두려움과 공포를 과장한다.

앞으로 영어 글을 읽을 때는 명사 주변을 잘 살펴보세요. 명사 앞에 '형용사'가 있거나, 명사 뒤에 〈전치사+명사〉가 있거나, 명사 뒤에 '형용사절'이 있는지 찾아보세요. 이를 통해 명사 앞뒤에 있는 부연 설명(형용사, 전치사구, 형용사절)의 힘을 느낄 수 있을 겁니다.

개념 정리 Quiz

[1~2] 다음 글을 읽고 물음에 답하세요.

> A small boy is sent to bed by his father. The boy who is sent to bed is thirsty.
>
> [Five minutes later]
>
> "Da-ad..."
>
> "What?"
>
> "I'm thirsty. Can you bring me a drink of water that is in the kitchen?"
>
> "No. You had your chance. The chance that you had was five minutes ago. Lights out."
>
> [Five minutes later]
>
> "Da-aaaad..."
>
> "WHAT?"
>
> "I'm THIRSTY. Can I have a drink of water that is surely in the kitchen?"
>
> "I told you NO! If you ask again, I'll have to spank you!!"
>
> [Five minutes later]
>
> "Daaaa-aaaAAAAD..."
>
> "WHAT??!!"
>
> "When you come in to spank me, can you bring me a drink of water that is definitely in the kitchen?"

1 이 글에 쓰인 형용사절은 모두 몇 개인가요?

① 4개　　　　② 5개　　　　③ 6개　　　　④ 7개

2 이 글에 쓰인 형용사절 중 형용사구로 바꿀 수 있는 것은 모두 몇 개인가요?

① 3개　　　　② 4개　　　　③ 5개　　　　④ 6개

* spank 엉덩이를 때리다　definitely 확실히

[3~4] 다음 글을 읽고 물음에 답하세요.

> After hearing that one of the patients who are in a mental hospital had saved another from a suicide attempt by pulling him out of a bathtub, the hospital director who reviewed the rescuer's file called him into his office.
>
> "Mr. Harold, your records and your heroic behavior indicate that you're ready to go home. I'm only sorry that the man who you saved later killed himself with a rope around the neck."
>
> "Oh, he didn't kill himself," Mr. Harold replied. "I hung him up to dry."

3   이 글에 쓰인 형용사절은 모두 몇 개인가요?

① 3개　　　　　② 4개　　　　　③ 5개　　　　　④ 6개

4   이 글에 쓰인 형용사절 중 **형용사구**로 바꿀 수 있는 것을 찾아 바꿔 쓰세요. (선행사를 포함해서 쓸 것)

(1) [형용사절] _____
→ [형용사구] _____

(2) [형용사절] _____
→ [형용사구] _____

5   다음을 읽고 내용상 알맞은 것을 고르세요.

> 영어 문장을 길게 쓰기 위해서 주로 사용하는 세 가지 문법은 〈형용사〉, 〈전치사+명사〉, 〈형용사절〉이다. 이 중 형용사는 명사의 (1) (앞 / 뒤)에 쓴다. 〈전치사+명사〉는 명사의 (2) (앞 / 뒤)에 쓴다. 형용사절은 명사의 (3) (앞 / 뒤)에 쓴다.

* mental hospital 정신병원   suicide 자살   attempt 시도   rescuer 구조자   heroic 영웅적인   indicate 가리키다, 나타내다

Practice

A 형용사절을 찾아서 밑줄을 치고, 문장을 해석하세요.

1. The time <u>that you should come back</u> is coming.
   → _____

2. The name that you remember is different from the name I remember.
   → _____

3. Who knows the man who is standing there?
   → _____

4. I went to the place which we used to visit.   *used to ~하곤 했다
   → _____

5. Tell me the time at which it begins.
   → _____

B 형용사절을 이용해 다음을 영어로 옮기세요.

6. 나는 어제 잃어버린 내 지갑을 찾았어요. (found, wallet, lost) [과거]
   → _____

7. 우리가 나눈 사적인 이야기는 비밀이에요. (private talk, had, a secret) [현재]
   → _____

8. 그것은 제 인생에서 제가 가졌던 가장 행복한 순간이었어요. (was, moment, had, my life) [과거]
   → _____

9. 당신은 내가 찾고 있는 사람입니다. (the person, looking for) [현재]
   → _____

10. 누군들 그렇게 맛있는 음식을 싫어하겠어요? (wouldn't like, so delicious) [현재]
    → _____

C 단계적으로 문장 길이를 늘이면서 영작해 보세요.

11 (1) 사람들이 그 영화를 봤다. (watch, movie)
→ _____

(2) 많은 사람들이 그 영화를 봤다. (many)
→ _____

(3) 많은 사람들이 극장에서 그 영화를 봤다. (movie theater)
→ _____

(4) 우리 주변에 있는 많은 사람들이 극장에서 그 영화를 봤다. (around)
→ _____

12 (1) 나는 생각중이야. (think)
→ _____

(2) 나는 나의 미래에 대해서 생각중이야. (my future)
→ _____

(3) 나는 좋을 수도 있고 나쁠 수도 있는 나의 미래에 대해서 생각중이야. (could, good, bad)
→ _____

13 (1) 우리는 기회가 많습니다. (have, chance)
→ _____

(2) 우리는 좋은 기회가 많습니다. (good)
→ _____

(3) 우리는 상황을 역전시킬 수 있는 좋은 기회가 많습니다. (turn the situation around)
→ _____

(4) 우리는 쉽게 상황을 역전시킬 수 있는 좋은 기회가 많습니다. (easily)

→ _____

14 (1) 이것은 간단한 일이야. (simple, work)

→ _____

(2) 이건 누구나 할 수 있는 간단한 일이야. (anybody, do)

→ _____

(3) 이건 누구나 한 시간 안에 할 수 있는 간단한 일이야. (one hour)

→ _____

(4) 이건 누구나 한 시간 안에 배우지 않고도 할 수 있는 간단한 일이야. (without, learn)

→ _____

어떻게 만드나요? 명사절

형용사절처럼 문장의 길이를 폭발적으로 늘여 주는 것이 또 하나 있는데, 그것이 바로 명사절이에요. 명사절이란 무엇인지, 또 어떻게 문장 길이를 늘여 주는지 확인해 봐요.

① 가장 이상적인 단어 배열 (SVO + 전치사구)

영어는 우리말보다 단어의 배열 순서가 엄격하게 정해져 있어요. 그 중에서 가장 이상적인 단어 배열은 다음과 같다고 했어요.

명사 + 동사 + 명사 / 전치사 + 명사
S(주어)　　V　　O(목적어)

여기서 〈명사+동사+명사〉는 꼭 있어야 하는 '필수적인 부분'이고, 〈전치사+명사〉는 빼도 상관이 없는 '부가적인 부분'이에요. 이 단어 배열에서 첫 번째 자리에 있는 명사는 '주어'이고, 세 번째 자리에 있는 명사는 '목적어'예요.

② 명사 자리에 문장을 써라

가장 이상적인 단어 배열 순서(SVO)에 맞춰서 영작을 해 볼까요?

　　　명사 + 동사 + 명사 (목적어)
❶ We　saw　that.　　　　우리는 그것을 봤다.

위 문장에서 세 번째 자리에 쓴 that은 목적어예요. that은 서로 알고 있는 것의 이름을 직접 언급하는 대신 사용한 대명사예요. 하지만 that이 어떤 것을 가리키는지 사전에 듣지 못한 사람은 that이 무엇인지 알 수 없을 거예요. that이 무엇 대신 쓰였는지 알려주려면 그 자리에 구체적인 명사를 쓰면 돼요.

　　　명사 + 동사 + 명사 (목적어)
❷ We　saw　the movie.　우리는 그 영화를 봤다.

that 대신 the movie를 쓰면 내용을 더 구체적으로 전달할 수 있어요. 만약 목적어 the movie에 대해서 더 자세한 내용을 알려주고 싶으면 어떻게 할까요? 그 자리에 문장을 쓰면 돼요.

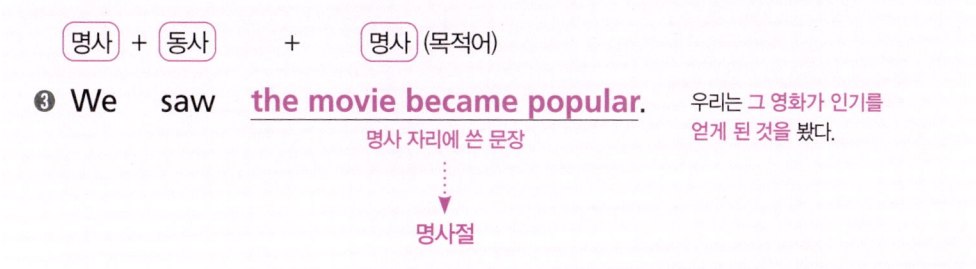

the movie became popular라는 문장이 세 번째 자리, 즉 목적어 자리에 쓰였어요. 위와 같이 문장을 목적어로 사용하면 the movie에 대해서 더 자세한 내용을 전달할 수 있어요. 이렇게 '명사 자리에 쓴 문장'을 **명사절**이라고 하고, 그중에서도 목적어 자리에 쓴 명사절을 **명사절의 목적격 용법**이라고 해요. 만약 명사절을 첫 번째 자리, 즉 주어 자리에 쓰면 **명사절의 주격 용법**이 됩니다.

명사절도 알고 보니 가장 이상적인 단어배열 〈명사+동사+명사〉에서 명사 자리에 문장을 쓰기만 하면 되는 간단한 문법이었어요. '명사절'이라는 문법 용어에 너무 부담을 가질 필요가 없어요. 모든 문장을 명사 자리에 넣기만 하면 되니까요.

③ why로 시작하는 명사절

다음 문장에서 세 번째 단어 자리를 살펴보세요.

> 명사 + 동사 + 명사
>
> ❶ I know **that**. 　　나는 그것을 알아.
> ❷ I know **Susan arrived**. 　　나는 수잔이 도착한 것을 알아.

❶번처럼 말하면 that이 무엇인지 알 수가 없어요. 그래서 구체적으로 알려주기 위해 ❷번처럼 문장을 쓸 수 있어요.

> 명사 + 동사 + 명사
>
> ❸ I know **why**. 　　나는 왜 그런 줄 알아.
> ❹ I know **Susan arrived**. 　　나는 수잔이 도착한 것을 알아.

❸번처럼 why만 말하면 앞뒤 정황을 모르는 사람은 무엇에 대한 얘기인지 알 수가 없어요. 그래서 구체적으로 알려주기 위해 ❹번처럼 문장을 쓸 수 있어요. 그런데 이렇게 쓰고 보니 ❷번과 ❹번이 같은 문장이 되어 버려요. 따라서 why의 내용을 살리고자 할 때는 다음과 같이 why도 함께 써 줍니다.

| 명사 | + | 동사 | + | 명사 |

❺ I know **why Susan arrived**.   나는 **왜** 수잔이 도착했는지 알아.

④ 의문사로 시작하는 명사절

앞에서 공부한 패턴을 좀 더 연습해 봐요.

| 명사 | + | 동사 | + | 명사 |

❶ I know **where**.   나는 **어디인지** 알아.
❷ I know **she studied**.   나는 그녀가 공부했다는 것을 알아.
❸ I know **where she studied**.   나는 그녀가 **어디에서** 공부했는지 알아.

❶번보다 구체적으로 말하기 위해서 ❷번에서는 명사(목적어) 자리에 문장 she studied를 넣었어요. 그런데 이 경우 where(어디에서)의 의미가 빠져 버렸어요. '어디에서'라는 의미도 함께 전달하고 싶으면 ❸번처럼 where를 그대로 놔 두고 그 뒤에 문장을 쓰면 됩니다.

| 명사 | + | 동사 | + | 명사 |

❹ I know **how**.   나는 **어떻게** 된 건지 알아.
❺ I know **they fixed**.   나는 그들이 고쳤다는 것을 알아.
❻ I know **how they fixed**.   나는 그들이 **어떻게** 고쳤는지 알아.

❹번보다 구체적으로 말하기 위해서 ❺번에서는 명사(목적어) 자리에 문장 they fixed를 넣었어요. 그런데 이 경우 how(어떻게)의 의미가 빠져 버렸어요. '어떻게'라는 의미도 함께 전달하고 싶으면 ❻번처럼 how를 넣고 그 뒤에 문장을 쓰면 됩니다.

| 명사 | + | 동사 | + | 명사 |

❼ I know **which**.   나는 **어떤 것인지** 알아.
❽ I know **I should buy**.   나는 사야 한다는 것을 알아.
❾ I know **which I should buy**.   나는 **어떤 것을** 사야 하는지 알아.

❼번보다 구체적으로 말하기 위해서 ❽번에서는 명사 자리에 문장 I should buy를 넣었어요. 그런데 이 경우 which(어떤 것)의 의미가 빠져 버립니다. '어느 것'이라는 의미도 함께 전달하고 싶으면 ❾번처럼 which 뒤에 문장을 쓰면 됩니다.

명사 + 동사 + 명사

❿ I know what. 나는 **무엇인지** 알아.
⓫ I know he should pass. 나는 그가 통과해야 하는 것을 알아.
⓬ I know what he should pass. 나는 그가 **무엇을** 통과해야 하는지 알아.

❿번보다 구체적으로 말하기 위해서 ⓫번에서는 명사 자리에 문장 he should pass를 넣었어요. 그런데 이 경우 what(무엇을)의 의미가 빠져 버립니다. '무엇을'이라는 의미도 전달하고 싶으면 ⓬번처럼 what 뒤에 문장을 쓰면 됩니다.

지금까지 만든 문장들을 보면 모두 세 번째 자리(명사 자리)에 문장을 썼어요. 이렇게 명사 자리에 쓴 문장들은 모두 '명사절'이고, 목적어 자리에 쓰였으므로 '명사절의 목적격 용법'으로 쓰인 거예요. 이 명사절들의 특징은 모두 의문사로 시작한다는 겁니다. 앞으로 <u>명사 자리에 why, when, where, what, who, how, which 등 의문사로 시작하는 절이 나오면 명사절이 시작된다고 보면 됩니다.</u>

⑤ 명사절의 기타 용법

(1) 주어 자리에 명사절 쓰기

가장 이상적인 단어 배열의 첫 번째 자리, 즉 주어 자리에 명사절을 넣어 볼까요?

❶ **What happened between Jack and Tony** is a big news.
 Jack과 Tony 사이에 일어난 일은 깜짝 놀랄 뉴스야.

❷ **Why you said that in the meeting** wonders me.
 네가 회의에서 왜 그 얘기를 했는지가 나를 의아하게 한다.

❸ **When they leave and where they go** should be reported.
 그들이 언제 떠나고 어디로 가는지는 보고되어야 한다.

주어 자리에 명사절을 썼으므로 이것은 '명사절의 주격 용법'에 해당합니다. 그런데 이러한 명사절의 주격 용법은 많이 사용되지는 않습니다. 영어는 문장을 시작하는 주어가 짧고 간단한 것을 선호하는데, 명사절을 주어 자리에 쓰면 주어가 너무 길어지기 때문이에요. 긴 주어는 짧은 주어에 비해서 눈에 띄겠죠. 따라서 명사절을 주어로 쓰면 강조의 색깔을 띠게 됩니다.

(2) 전치사 뒤에 명사절 쓰기

전치사 뒤에도 명사절을 쓸 수 있을까요? 네, 쓸 수 있어요. 그런데 전치사 뒤에 명사절을 쓰면 문장이 복잡해진다는 단점이 있어요. 따라서 전치사 뒤에는 딱 떨어지는 단순명사를 쓰는 것이 좋습니다. 다음 문장들을 비교해 보세요.

❶ We talk **about** what we need for it.   ● 전치사 뒤에 명사절을 쓴 경우
우리는 그것을 위해서 무엇이 필요한지에 대해서 얘기를 한다.

We talk **about** the needs.   ● 전치사 뒤에 명사를 쓴 경우
우리는 그 필요성에 대해서 얘기를 한다.

❷ I am interested **in** what you think.   ● 전치사 뒤에 명사절을 쓴 경우
나는 네가 무엇을 생각하는지에 관심이 있어.

I am interested **in** your thought.   ● 전치사 뒤에 명사를 쓴 경우
나는 네 생각에 관심이 있어.

❸ We discussed the case **on** why many people followed him.   ● 전치사 뒤에 명사절을 쓴 경우
우리는 왜 많은 사람들이 그를 추종했는지에 대한 사안을 논의했다.

We discussed the case **on** his popularity.   ● 전치사 뒤에 명사를 쓴 경우
우리는 그의 인기와 관련된 사안을 논의했다.

결론적으로 '명사절'은 주어 자리나 전치사 자리에 쓰이기도 하지만, 주로 목적어 자리에 쓰인다고 보면 됩니다.

개념 정리 Quiz

1 다음 설명 중 틀린 것을 고르세요.

① 명사 자리에 쓴 문장을 '명사절'이라고 한다.
② 명사절은 문장의 목적어로 쓸 수 있다.
③ 명사절은 문장의 주어로 쓸 수 없다.
④ 명사절은 의문사로 시작하는 경우가 많다.

2 다음 문장의 that 대신 쓸 수 없는 것을 고르세요.

> I was expecting that.

① you
② easy
③ a good result
④ you would join my birthday party

3 다음 문장의 that 대신 명사절을 넣을 때 들어갈 수 있는 것을 모두 고르세요.

> Did you know that?

① about that
② he came
③ why he came
④ his plan

4 각 문장에 쓰인 명사절에 밑줄을 치고, 해당하는 용법을 고르세요.

(1) I wonder how I should take this. (주격 / 목적격)

(2) Did you say you were there? (주격 / 목적격)

(3) Why they cancelled it suddenly is unknown. (주격 / 목적격)

(4) Don't you remember I am not with them anymore? (주격 / 목적격)

* cancel 취소하다 unknown 알려지지 않은

5 다음을 영어로 바르게 옮긴 것을 고르세요.

> 나는 네가 왜 그렇게 말했는지 이해해.

① I understand you said that why.
② I understand you why said that.
③ I understand why you said that.
④ I understand why that you said.

6 다음을 영어로 바르게 옮긴 것을 고르세요.

> 내가 알고 있는 게 진실이고 네가 알고 있는 건 진실이 아니야.

① What I know true is and what you know not true is.
② What is true I know and what is not true you know.
③ What true is I know and what not true is you know.
④ What I know is true and what you know is not true.

Practice

A 명사절을 찾아서 밑줄을 치고, 문장을 해석하세요.

1 I heard <u>they set the new date</u>. *date 날짜
   →

2 <u>Where she is now</u> is unknown. *unknown 알려지지 않은
   →

3 I saw <u>you were walking with him</u>.
   →

4 Who knew <u>this would happen</u>?
   →

5 I learned <u>English is SVO language</u>.
   →

B that을 명사절로 바꿔서 다음을 영어로 옮기세요.

6 그는 그만둘 거라고 말했어요. (was going to, quit)
   He said **that**.
   →

7 나는 그게 너였다는 것을 눈치챘어. (it, you)
   I noticed **that**.
   →

8 나는 내가 언제 시작해야 하는지 분명히 알아요. (should, start)
   I clearly know **that**.
   →

9 나는 내 영어 실력이 좋아지고 있다는 것을 알아요. (English, improving)
   I see **that**.
   →

C 명사절을 이용하여 다음을 영어로 옮기세요.

10 나는 아무 일도 생기지 않을 거라고 믿어. (believe, nothing, happen) [현재]
→ _____

11 우리는 좋은 결과가 있을 거라고 기대해. (expect, there will be, result) [현재]
→ _____

12 네가 치울 거라고 약속했잖아. (promised, clean) [과거]
→ _____

13 아무도 네가 잘못했다고 생각하지 않아. (no one, think, did wrong) [현재]
→ _____

14 나는 답이 두 개인 것을 알아냈어. (found out, there are, answer) [과거]
→ _____

15 너 누가 왔었는지 기억해? (remember, come) [현재]
→ _____

16 그것은 상황이 좋아지고 있다는 뜻이지. (mean, the situation, getting better) [현재]
→ _____

17 그 가이드는 우리가 먼저 출발할 거라고 설명했어요. (guide, explained, start, first) [과거]
→ _____

18 그것은 정직한 사람이 성공한다는 것을 보여 준다. (show, honest, succeed) [현재]
→ _____

19 우리는 그들이 서로 아는 사이라고 추정합니다. (assume, each other) [현재]
→ _____

20 댓글 수가 그것이 인기 있다는 것을 증명한다. (the number of comments, proves, popular) [현재]
→ _____

문장만 만들 수 있으면 명사절은 쉽다

앞에서 명사절을 어느 자리에 쓰는지, 어떤 형태로 쓰는지 알아봤어요.
명사절 사용하는 방법을 좀 더 연습하면서 명사절 활용에 자신감을 키워 봐요.

1 명사절의 의미 복습

명사절이 무엇인지 다시 한 번 정리해 봐요. 다음은 가장 이상적인 단어 배열(SVO언어)에 맞춘 문장이에요.

명사 + 동사 + 명사

❶ He   noticed   that.   그는 그것을 눈치챘다.
❷ He   noticed   the answer.   그는 정답을 눈치챘다.
❸ He   noticed   the answer is C.   그는 정답이 C라는 것을 눈치챘다.
                   <u>명사절</u>

세 번째 자리(명사 자리)에 있는 내용을 비교해 봐요. ❶번처럼 말하면 that이 무엇을 가리키는지 모를 수 있어요. 그래서 ❷번처럼 구체적인 명사를 말해 주면 that이 무엇인지 알게 되죠. ❷번보다 더 자세하게 말하고 싶다면 ❸번처럼 문장을 써서 말하면 됩니다. 단어보다 문장이 주는 정보가 더 자세하니까요.
❶, ❷번은 명사 자리에 명사를 쓴 것이고, ❸번은 명사 자리에 문장을 썼어요. 이렇게 '명사 자리에 쓴 문장'을 '명사절'이라고 해요.

2 명사 자리에 문장 넣기

가장 이상적인 단어 배열(SVO언어)의 세 번째 자리(명사 자리)에 모든 문장을 쓸 수 있을까요? 네, 쓸 수 있습니다.

(1) 우선 다음 문장들을 읽어 보세요.

❶ You loved me.   너는 나를 사랑했다.
❷ They are busy.   그들은 바쁘다.
❸ We should study. 우리는 공부해야 한다.

❹ **The test is easy.** 그 시험은 쉽다.

❺ **We should not talk.** 우리는 얘기하면 안 된다.

❻ **She liked him.** 그녀는 그를 좋아했다.

❼ **English is easy.** 영어는 쉽다.

❽ **She was attractive.** 그녀는 매력적이었다.

(2) 위 문장들을 가장 이상적인 단어 배열의 세 번째 자리(목적어 자리)에 넣어 볼게요.

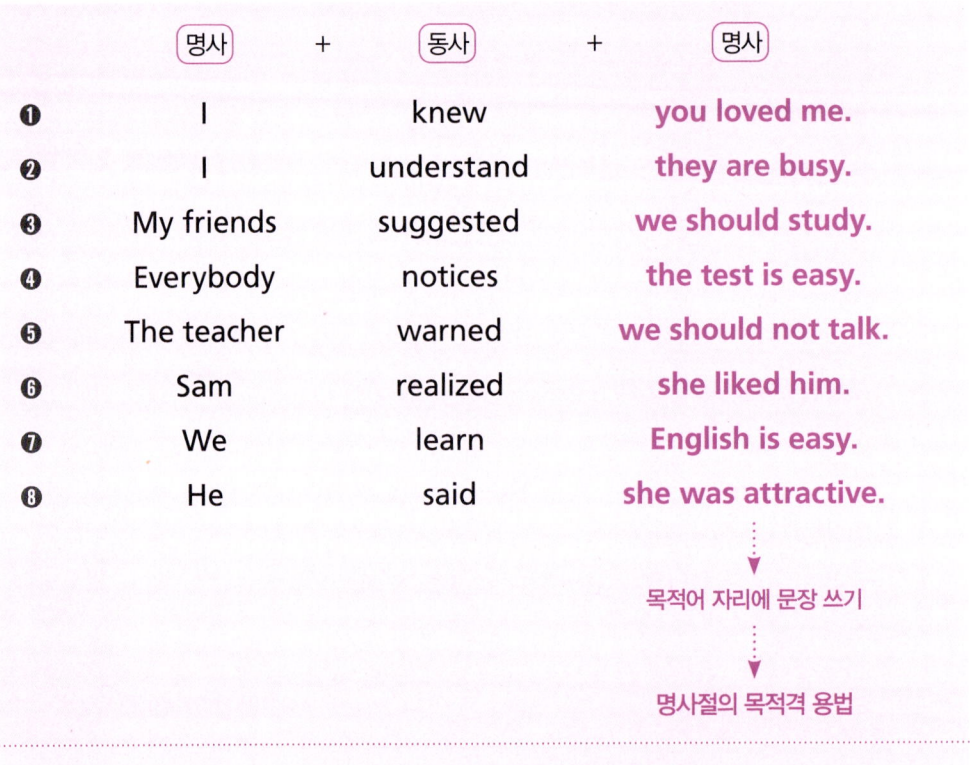

❶ 나는 네가 나를 사랑한다는 것을 알았어. ❷ 나는 그들이 바쁜 것을 이해해.
❸ 내 친구들은 우리가 공부해야 한다고 제안했다. ❹ 모든 사람들이 그 시험이 쉽다는 것을 알아챈다.
❺ 그 선생님은 우리가 떠들지 말아야 한다고 경고했다. ❻ Sam은 그녀가 그를 좋아한다는 것을 깨달았다.
❼ 우리는 영어가 쉽다는 것을 배운다. ❽ 그는 그녀가 매력적이라고 말했다.

세 번째 자리에 문장을 넣어서 긴 문장을 만들기 쉽죠? 이제 여러분도 명사절을 목적격 용법으로 쓸 수 있게 된 겁니다.

③ 명사절을 만드는 방법

지금까지 알아본 명사절 만드는 방법을 좀 더 공식화해 볼게요. 앞으로 명사절을 만들려면 다음과 같이 3단계를 거치면 됩니다.

Step1: 문장 만들기

가장 먼저 문장을 만들어야 해요. 문장을 만들 때는 가장 이상적인 단어 배열(SVO언어)을 따르면 쉽게 만들 수 있습니다.

[명사] + [동사] + [명사] / [전치사] + [명사]
They   had   a meeting.

Step2: 의문사 정하기

명사절에 의문사를 쓸지 말지, 의문사를 쓴다면 어떤 의문사(when, where, who, what, why, how, which)를 사용할지 정합니다. 여러분이 어떻게 말하고 싶은지 결정하세요.

(1) '그들이 모임을 가졌다는 것 (that)'만 말할 것인지
(2) '그들이 모임을 어디에서(where) 가졌는지'를 말할 것인지
(3) '그들이 모임을 언제(when) 가졌는지'를 말할 것인지
(4) '그들이 모임을 왜(why) 가졌는지'를 말할 것인지
(5) '그들이 모임을 어떻게(how) 가졌는지'를 말할 것인지

의문사를 쓸 경우 명사절의 맨 앞에 씁니다. 의문사를 문장 앞에 쓰면 그 문장을 명사절로 사용할 거라는 표시가 됩니다.

where they had a meeting	그들이 어디에서 모임을 가졌는지
when they had a meeting	그들이 언제 모임을 가졌는지
why they had a meeting	그들이 왜 모임을 가졌는지
how they had a meeting	그들이 어떻게 모임을 가졌는지

↓
명사절의 시작을 알리는 단어

Step3: 쓸 자리 정하기

명사절은 주로 목적어 자리에 사용되지만, 주어 자리에 쓸 수도 있어요. 둘 중 어느 자리에 쓸지 결정합니다.

(1) 목적어 자리에 명사절 쓰기

명사 + 동사 + 명사

① I know **where they had a meeting.** 나는 그들이 어디에서 모임을 가졌는지 안다.
② He said **where they had a meeting.** 그는 그들이 어디에서 모임을 가졌는지 말했다.
③ She noticed **why they had a meeting.** 그녀는 그들이 왜 모임을 가졌는지 눈치챘다.

(2) 주어 자리에 명사절 쓰기

다음과 같이 명사절을 주어 자리에 쓰면 강조 효과가 있어요.

명사 + 동사 + 명사

① **Where they had a meeting** is a secret. 그들이 어디에서 모임을 가졌는지는 비밀이다.
② **Why they had a meeting** is a secret. 그들이 왜 모임을 가졌는지는 비밀이다.

지금까지 명사절을 만드는 방법을 3단계로 공식화해 봤어요. ① 문장 만들기 → ② 의문사 정하기 → ③ 쓸 자리 정하기, 이 순서에 맞춰서 앞으로는 명사절을 더욱 적극적으로 사용하도록 하세요.

④ that으로 시작하는 명사절

where, when, why, how 같은 의문사 내용을 전달하고 싶지 않거나 전달할 필요가 없을 때는 that을 쓰면 됩니다. that은 '~(하)는 것'이라는 뜻으로 그 의미가 그다지 구체적이지 않기 때문에 생략해도 문장의 내용에 지장을 주지 않습니다. 그래서 that을 생략하고 쓰는 경우도 많습니다.

그런데 이렇게 비중이 작은 that을 굳이 쓰는 이유는 무엇 때문일까요? that을 문장 앞에 써서 명사절의 시작을 알릴 수 있기 때문이에요. 즉, that은 해석상 비중은 크지 않지만 명사절의 시작을 알리는 단어로 사용할 수 있습니다.

① I know **where** they had a meeting.
나는 그들이 어디에서 모임을 가졌는지 안다.
◯ 의문사가 '어디에서(장소)'라는 구체적인 내용을 전달하므로 생략하지 않는다.

❷ I know **(that)** they had a meeting.
　나는 그들이 모임을 가졌다는 것을 안다.
　　　　　　　　　◐ that의 의미가 '~(하)는 것' 정도로 그다지 구체적이지 않기 때문에 생략해도 된다.

그런데 명사절이 주격으로 쓰였을 때 that은 '절대' 생략하지 않습니다.

❸ 명사절이 목적격으로 쓰였을 때
　I know **that** the earth is round. (○)
　I know the earth is round. (○)
　나는 지구가 둥글다는 것을 안다.
　　　　　　　　　◐ 명사절이 목적격으로 쓰였으므로 that을 생략할 수 있다.

❹ 명사절이 주격으로 쓰였을 때
　That the earth is round is true. (○)
　The earth is round is true. (×)
　지구가 둥글다는 것은 사실이다.
　　　　　　　　　◐ 명사절이 주격으로 쓰였을 때는 that을 생략하지 않는다.

❸번처럼 명사절이 목적격으로 쓰였을 때는 that을 써도 되고 생략해도 되지만, ❹번처럼 명사절이 주격으로 쓰였을 때는 that을 생략하면 안 됩니다. 이 경우에는 that을 꼭 써야 한다는 점을 주의하세요.

개념 정리 Quiz

1 빈칸에 들어갈 말로 알맞은 것을 고르세요.

> I understand _____ you had no other choice.

① this　　　② that　　　③ the　　　④ it

2 빈칸에 들어갈 말로 적당하지 않은 것은 무엇인가요?

> He said _____ he should move out.

① that　　　② why　　　③ when　　　④ which

3 다음 문장에서 명사절의 시작을 알리는 **that**이 들어갈 자리를 찾으세요.

> I ① told ② you ③ I ④ was right.

4 다음 문장에 쓰인 **that**에 대한 설명으로 바르지 못한 것을 고르세요.

> I like that they give a discount for us.

① that은 명사절의 시작을 알린다.
② that은 생략할 수 있다.
③ that이 포함된 명사절은 주격으로 쓰였다.
④ that을 쓸 때와 뺄 때 아무런 의미상의 차이가 없다.

5 다음 중 명사절이 사용된 문장이 아닌 것은 무엇인가요?

① Tell me when it was.
② I want to know where you have been.
③ It is the reason why he stopped doing it.
④ I learned how I can write a sentence.

6 각 문장에서 밑줄 친 **that**의 용법이 다른 하나를 고르세요.

① I see that people like to go camping these days.

② He copied the book that he borrowed.

③ Who knew that it could happen?

④ She thinks that I did it.

7 다음 글에서 명사절을 찾아서 모두 밑줄을 치세요.

> (1) They can because they think they can. — Virgil -
>
> (2) People say that love makes time pass and time makes love pass.
> *(French proverb)*
>
> (3) I hope that students learn new grammar from this book that I am writing and publishing. — HAN, IL -

* publish 출판하다

Practice

A 명사절을 찾아서 밑줄을 치고, 문장을 해석하세요.

1 I think that I need it.
→ _____

2 I can't say why I need it.
→ _____

3 I can't say when I need it, either.
→ _____

4 When I need it is important.
→ _____

5 You know what I need.
→ _____

B 명사절을 이용하여 다음을 영어로 옮기세요.

6 그녀는 거기에 있었다고 말했어요. (said, there) [과거]
→ _____

7 우리는 그녀가 어디에 있었는지 알고 있었어요. (knew) [과거]
→ _____

8 우리는 그녀가 왜 거기에 있었는지도 알고 있었어요. (also) [과거]
→ _____

9 그녀가 왜 거기에 있었는지가 우리를 놀라게 했지요. (surprised) [과거]
→ _____

10 그는 내가 선물을 샀다는 것을 눈치챘어요. (noticed, bought, a present) [과거]
→ _____

11 그는 내가 어느 것을 샀는지 눈치챘어요. [과거]

→ _____

12 그는 내가 왜 선물을 샀는지 눈치챘어요. [과거]

→ _____

13 그는 내가 어디에서 선물을 샀는지 눈치챘어요. [과거]

→ _____

14 내가 어디에서 선물을 샀는지는 비밀이에요. (a secret) [현재]

→ _____

15 나는 그들이 어떻게 했는지 들었어요. (heard, did) [과거]

→ _____

16 나는 그들이 언제 했는지 들었어요. [과거]

→ _____

17 그들이 어떻게 했는지가 중요해요. (important) [현재]

→ _____

18 나는 그게 얼마인지 궁금해요. (wonder, how much) [현재]

→ _____

19 나는 거기에 누가 있었는지 궁금해요. (there) [현재]

→ _____

20 나는 그가 어디에 있는지 궁금해요. [현재]

→ _____

가정법 과거는 아쉬워서 내뱉는 말

우리말에서 '(만일) ~면'은 어떤 상황을 가정할 때 쓰이는 표현이지요.
영어에도 이에 해당하는 표현이 있습니다. 이번에 확실히 익혀두면 평생 정확하게 쓸 수 있습니다.

1 가정할 때 쓰는 말투

우리말은 문장 뒤에 '~면'을 붙이면 가정하는 표현이 됩니다.

❶ 내가 그 답을 안다.		(만일) 내가 그 답을 안다면
❷ 그가 나를 이해한다.		(만일) 그가 나를 이해한다면
❸ 네가 거기에 가야만 한다.	+ ~면 ➡	(만일) 네가 거기에 가야만 한다면
❹ 모두가 그걸 좋아한다.		(만일) 모두가 그걸 좋아한다면
❺ 그들이 그 제안을 받아들인다.		(만일) 그들이 그 제안을 받아들인다면
❻ 비가 온다.		(만일) 비가 온다면

우리말 문장에 '~면'이 붙어서 가정하는 표현이 만들어졌어요. 우리말의 '~면'과 같은 뜻을 지닌 표현이 영어에도 있는데, 그것이 바로 if입니다.

(만일) ~면 → **if**

if를 사용하여 가정해서 말하는 것을 '가정하는 방법' 또는 '**가정법**'이라고 합니다.

2 가정법 현재

(1) 우리말에서는 '~면'을 문장 끝에 붙이지만, 문법을 먼저 알리는 영어에서는 if를 문장 앞에 붙입니다.

❶ 내가 그 답을 안다.   I know the answer.
→ 내가 그 답을 안다면   **If** I know the answer,

❷ 그가 나를 이해한다.   He understands me.
→ 그가 나를 이해한다면   **If** he understands me,

❸ 네가 거기에 가야만 한다.   You have to go there.
→ 네가 거기에 가야만 한다면   **If** you have to go there,

❹ 모두가 그걸 좋아한다.   Everybody likes it.
→ 모두가 그걸 좋아한다면   **If** everybody likes it,

❺ 그들이 그 제안을 받아들인다.   They accept the proposal.
→ 그들이 그 제안을 받아들인다면   **If** they accept the proposal,

❻ 비가 온다.   It rains.
→ 비가 온다면   **If** it rains,

이렇게 영어 문장 앞에 if를 붙이면 '~면'이라는 표현이 만들어져요.

(2) if절 뒤에 내용상 연결이 되는 문장을 써 주면 됩니다.

❶ **If** I know the answer, I **will** tell you.
내가 답을 안다면 나는 너에게 말할 것이다.

❷ **If** he understands me, I **will** try.
그가 나를 이해한다면 나는 시도할 것이다.

❸ **If** you have to go there, I **will** be happy.
네가 거기에 가야 한다면 나는 행복할 거야.

❹ **If** everybody likes it, I **will** buy it.
모든 사람들이 그것을 좋아한다면 나는 그것을 살 거야.

❺ **If** they accept the proposal, I **will** share this.
그들이 그 제안을 받아들인다면 나는 이것을 공유할 거야.

❻ **If** it rains, I **will** go.
비가 온다면 나는 갈 거야.

위 예문에서 if절은 현실적으로 가능성 있는 일을 말하고 있으므로 뒤에 오는 문장에도 조동사 will(90% 이상의 의지나 가능성)이나 can(90% 이상의 능력)을 사용하여 그 일이 이루어질 확률이 높다고 알려줘야 합니다. 이렇게 현실적으로 **가능한** 상황(일어날 확률 90~100%)을 가정하는 것을 '**가정법 현재**'라고 합니다.

가정법 현재: 현실적으로 가능한 일을 가정

If + 주어 + **현재 동사**..., 주어 + **will/can/may** + 동사원형

③ 가정법 과거 - be동사가 있는 경우

(1) 우리가 살면서 현실적으로 가능한 상황만 가정하지는 않지요. 예를 들어 다음을 읽어 보세요.

> **If I were a bird,** 내가 만일 새라면

내가 새가 되는 것은 불가능합니다. 이렇게 현실적으로 말이 안 되고 불가능한 상황을 가정할 때 영어는 이를 강조하기 위해서 말이 안 되고 불가능한 문법을 사용합니다. 즉, I 뒤에 쓸 수 있는 be동사는 am과 was인데, 불가능한 상황을 가정할 때는 일부러 틀린 문법인 were를 써서 강조해 줍니다. I were라는 표현은 영어 문법 상으로는 불가능한 표현이지만, 가정법 과거일 때만 예외적으로 인정됩니다.

❶ (불가능하지만) 내가 만일 너라면
- If I **am** you, (×) ○ 내가 네가 될 수도 있다는 어색한 표현
- If I **were** you, (○) ○ 내가 네가 될 수 없는 불가능한 상황을 가정

❷ (불가능하지만) 그게 내 것이라면
- If it **is** mine, (×) ○ 내 것일 수도 있을 때
- If it **were** mine, (○) ○ 내 것이라는 게 불가능할 때

❸ (그는 멀리 있으므로 불가능하겠지만) 그가 만일 지금 오는 중이라면
- If he **is** coming, (×) ○ 그가 올 수도 있을 때
- If he **were** coming, (○) ○ 그가 오는 것이 불가능할 때

❹ (불가능하지만) 그녀가 내 친한 친구라면
- If she **is** my close friend, (×) ○ 가까운 사이일 수도 있을 때
- If she **were** my close friend, (○) ○ 가까운 사이인 것이 불가능할 때

(2) 위 예문은 모두 현실적으로 이루어질 확률이 매우 낮거나 불가능한 상황을 가정하고 있기 때문에, 뒤에 오는 문장에도 확률이 낮다는 뉘앙스를 나타내는 would(60% 이하)나 could(60% 이하), should(60% 이하), might(20% 이하)를 사용합니다. would, could, should, might를 사용하면 그 일이 일어날 확률이 매우 낮거나 불가능한 상황임을 나타내게 됩니다.

❶ **If I were a bird,** **I would fly to you.**
내가 만일 새라면 나는 너에게 날아갈 텐데.

○ 현실과 반대: 나는 현재 새가 아니다. 그러므로 너에게 날아갈 수 없다.

❷ **If it were mine,** **I could resell it.**
만일 그것이 내 것이라면 나는 그것을 되팔 수 있을 텐데.

○ 현실과 반대: 그것은 현재 내 것이 아니다. 그러므로 되팔 수 없다.

❸ **If he were coming,** **I should be at home.**
만일 그가 오고 있는 중이라면 나는 집에 있어야 할 텐데.

○ 현실과 반대: 그는 현재 오고 있는 중이 아니다. 그러므로 나는 집에 있지 않아도 된다.

❹ **If she were my close friend,** **I might tell her the truth.**
만일 그녀가 나와 가까운 친구 사이라면 나는 그녀에게 사실대로 말할지도 모르는데.

○ 현실과 반대: 현재는 그녀와 가까운 친구 사이가 아니다. 그러므로 그녀에게 사실대로 말하지 않는다.

위 문장은 모두 If절에 were라는 과거형이 사용되었기 때문에 이를 '**가정법 과거**'라고 부릅니다. 눈에 보이는 시제는 과거형이지만 '현실적으로 **불가능한 현재의 일**'에 대해 말하고 있다는 점을 명심하세요.

가정법 과거: 현실적으로 불가능한 현재의 일을 가정
If + 주어 + **were...,** 주어 + **would/could/should/might** + 동사원형

4 가정법 과거 - 일반동사가 있는 경우

(1) 현실적으로 불가능한 일을 가정할 때 be동사를 were로 바꿔서 쓴다고 했습니다. 그런데 be동사가 아니라 일반동사가 있을 때는 어떻게 해야 할까요? 그럴 때는 일반동사를 과거형으로 바꾸면 됩니다.

가정법 과거: 현실적으로 불가능한 현재의 일을 가정
If + 주어 + **과거 동사...,** 주어 + **would/could/should/might** + 동사원형

현실적으로 불가능한 현재의 일을 말하는데 시제를 엉뚱하게 과거형으로 쓰는 이유는 말이 안 되고 불가능하다는 것을 강조하기 위해서입니다. 즉, 현재의 상황을 말하고 있지만 일부러 문법적으로 맞지 않는 과거 시제를 써서 불가능 강조 효과를 내는 것이지요. 다음 예문을 통해서 확인해 보세요.

❶ (불가능하지만) 내가 답을 안다면
    If I **know** the answer, (✕)   🔴 답을 알 수도 있을 때
    If I **knew** the answer, (○)   🔴 답을 아는 것이 불가능할 때

❷ (불가능하겠지만) 그가 나를 이해한다면
    If he **understands** me, (✕)   🔴 그가 나를 이해할 수도 있을 때
    If he **understood** me, (○)   🔴 그가 나를 이해하는 것이 불가능할 때

❸ (그럴 리 없겠지만) 네가 거기에 가야 한다면
    If you **have to** go there, (✕)   🔴 거기에 가야 하는 상황이 생길 수도 있을 때
    If you **had to** go there, (○)   🔴 거기에 갈 일이 절대로 생기지 않을 때

❹ (그럴 리 없겠지만) 모두가 그것을 좋아한다면
    If everybody **likes** it, (✕)   🔴 모두가 그것을 좋아할 수도 있을 때
    If everybody **liked** it, (○)   🔴 모두가 그것을 좋아하는 것이 불가능할 때

❺ (그럴 리 없겠지만) 그들이 그 제안을 받아들인다면
    If they **accept** the proposal, (✕)   🔴 제안을 받아들일 가능성이 있을 때
    If they **accepted** the proposal, (○)   🔴 제안을 받아들일 가능성이 없을 때

❻ (그럴 리 없겠지만) 비가 온다면
    If it **rains**, (✕)   🔴 비가 올 가능성이 있을 때
    If it **rained**, (○)   🔴 비가 올 가능성이 거의 0%일 때

(2) if절에서 이루어질 확률이 낮은 일을 말하기 때문에, 뒤에 오는 문장에도 확률이 낮은 뉘앙스를 가진 would(60% 이하)나 could(60% 이하), should(60% 이하), might(20% 이하)를 사용합니다.

❶ If I **knew** the answer,   I **would** tell you.
   내가 만일 답을 안다면   너에게 말해 줄 텐데.
   🔴 현실과 반대: 현재 나는 그 답을 모른다. 그러므로 너에게 말해 줄 수 없다.

❷ If he **understood** me,   I **could** try.
   만일 그가 나를 이해해 준다면   내가 시도해 볼 수 있을 텐데.
   🔴 현실과 반대: 현재 그는 나를 이해해 주지 않는다. 그러므로 나는 시도하지 못한다.

❸ **If** you **had to** go there,   I **would** be happy.
만일 네가 거기에 가야 한다면   나는 행복할 텐데.

○ 현실과 반대: 현재 너는 거기에 갈 필요가 없다. 그러므로 나는 행복하지 않다.

❹ **If** everybody **liked** it,   I **might** buy it.
만일 모두가 그것을 좋아한다면   나는 그것을 살지도 몰라.

○ 현실과 반대: 현재 모두가 그것을 좋아하는 것은 아니다. 그러므로 나는 그것을 사지 않을 것이다.

❺ **If** they **accepted** the proposal,   I **could** share this.
만일 그들이 그 제안을 받아들인다면   나는 이것을 공유할 수 있을 텐데.

○ 현실과 반대: 현재 그들이 그 제안을 받아들이지 않는다. 그러므로 이것을 공유할 수 없다.

❻ **If** it **rained**,   I **should** go.
만일 비가 온다면   나는 가야 할 텐데.

○ 현실과 반대: 현재 비가 오지 않는다. 그러므로 나는 갈 필요가 없다.

지금까지 현실적으로 가능한 일을 가정할 때는 쓰는 '가정법 현재'와 현실적으로 불가능한 일을 가정할 때는 쓰는 '가정법 과거'에 대해 알아봤어요. 특히 가정법 과거는 현재의 불가능한 사실에 대한 아쉬움을 나타내는 경우가 많습니다. '~하면 ~할 텐데'라고 아쉬운 마음을 담아 말할 때 가정법 과거를 적극 사용해 보세요.

개념 정리 Quiz

1 다음 중 틀린 설명을 고르세요.

① 우리말의 '(만일) ~면'에 해당하는 영어는 if이다.
② 가정법 현재란 현재 가능한 일을 가정하는 것이다.
③ 가정법 과거란 과거에 가능한 일을 가정하는 것이다.
④ 가정법 과거에서 if절의 be동사는 were를 사용한다.

2 다음 중 용법이 다른 하나를 고르세요.

① If you like it,...
② If they know about it,...
③ If I had money now,...
④ If it is less than 20 dollars,...

3 문법적으로 알맞은 것을 고르세요.

(1) If you ask me now, I (will / would) say yes.
(2) If you could start now, you (will / would) win.
(3) If I had a lot of money, I (can / could) buy you a car.
(4) If they come on time, we (can / could) meet them.

4 다음을 영어로 바르게 옮긴 것을 고르세요.

> 내가 키가 더 크다면, 울타리 너머 볼 수 있을 텐데.

① If I am taller, I can see over the fence.
② If I am taller, I could see over the fence.
③ If I were taller, I can see over the fence.
④ If I were taller, I could see over the fence.

5 다음 중 가정법 과거형 문장으로 올바르지 않은 것을 고르세요.

① If I were you, I wouldn't work like that.
② If you were me, you would understand me.
③ If she were here, she will see this.
④ If we were in the same group, we could work better.

6 다음 중 가정법 문법이 올바르지 않은 것을 고르세요.

① If she likes it, I would buy it.
② If I were like him, I would be so happy.
③ If you are tired, you can rest here.
④ If I were able to read Japanese, I would buy the book.

7 다음 문장의 빈칸에 들어갈 말로 알맞은 것은 무엇인가요?

> _____, I could have more free time.

① If I have used the tool
② If I were working with you
③ If I am not busy
④ If I finish it earlier

Practice

A if절과 주절의 동사(조동사 포함)를 찾아서 밑줄을 치고, 문장을 해석하세요.

1 If you have a receipt, we can refund it. * receipt 영수증 refund 환불하다
   →

2 If they know that I need it, they will help me.
   →

3 If I knew where she is now, I would tell you.
   →

4 If I had enough money, I would lend you. * lend 빌려주다
   →

5 If I were you, I would not worry.
   →

B if절을 이용해서 다음을 영어로 옮기세요.

6 네가 그곳이 마음에 들면 머물러도 돼. [가정법 현재] (like, it, stay)
   →

7 그것이 비싸면 나는 안 살 거예요. [가정법 현재] (expensive, buy)
   →

8 그것이 가까우면 내가 갈 수 있을 텐데. [가정법 과거] (close, go)
   →

9 그것이 오늘이라면 나는 너와 함께 갈 수 있을 텐데. [가정법 과거] (today, with)
   →

10 그가 오면 너는 그때 얘기해 주면 돼. [가정법 현재] (come, tell, then)
   →

11 네가 그것을 가지고 있으면 나한테 잠깐만 빌려 줄 수 있어? [가정법 현재]
(have, lend, for a minute)

→ _____

12 지금이 2시라면 난 집에서 나갈 수 있을 텐데. [가정법 과거] (2 o'clock, leave, home)

→ _____

13 그녀가 거기에 있다면 내가 그녀를 볼 수 있을 텐데. [가정법 과거] (there, see)

→ _____

14 오늘 날씨가 좋으면 밖에 나가자. [가정법 현재] (weather, go out)

→ _____

15 모든 게 다 잘되면 우리가 이길 거야. [가정법 현재] (everything, go well, win)

→ _____

16 그 가격이 적당하다면 나는 살 텐데. [가정법 과거] (price, reasonable, buy)

→ _____

17 내가 하나 더 가지고 있다면 너한테 그것을 줄 수 있을 텐데. [가정법 과거]
(one more, give)

→ _____

18 내가 그 부분을 외웠더라면 나는 그 답을 알 수 있을 텐데. [가정법 과거]
(memorize, part, answer)

→ _____

19 네가 나라면 너도 그럴 거야. [가정법 과거] (me, too)

→ _____

20 내가 선생님이라면 이것을 시험에서 물을 텐데. [가정법 과거] (teacher, ask, test)

→ _____

영어에서 가장 많이 쓰이는 단어 the

LESSON 58

전체 영어 단어 중에서 가장 많이 쓰이는 단어는 무엇일까요? 랭킹 1위는 바로 정관사 the입니다. 이번 시간에는 the의 올바른 쓰임에 대해서 알려 드릴게요.

---

the를 쓰는 경우는 모두 6가지가 있어요. 다음 6가지를 기억하고 있으면 앞으로 the를 잘 사용할 수 있을 거예요.

① 통틀어서 말할 때 쓰는 the

(1) 어떤 종류를 총칭할 때

포유류, 조류, 양서류 등 어떤 종류를 총칭해서 말할 때는 명사 앞에 the를 붙입니다.

- 포유류(사자, 고양이, 개, 호랑이 등) → **the mammal**
  - ◎ a mammal은 '포유류 한 마리'를 뜻해요.
- 조류(닭, 백조, 앵무새, 비둘기 등) → **the bird**
  - ◎ a bird는 '조류 한 마리'를 뜻해요.
- 양서류(개구리, 도롱뇽, 두꺼비 등) → **the amphibian**
  - ◎ an amphibian은 '양서류 한 마리'를 뜻해요.

(2) 그룹 전체를 말할 때

'남자들은 다 그래', '여자들은 원래 그래', '개는 사람들에게 친근한 동물이야'처럼 그룹 전체를 일반적으로 말할 때도 명사 앞에 the를 붙입니다.

the man	◎ 일반적인 남자를 지칭할 때
the woman	◎ 일반적인 여자를 지칭할 때
the bus	◎ 일반적인 버스를 지칭할 때
the car	◎ 일반적인 차를 지칭할 때
the dog	◎ 일반적인 개를 지칭할 때
the class	◎ 일반적인 수업을 지칭할 때

2 발명품 앞에 쓰는 the

발명품의 신기함과 희귀성을 강조하기 위해 발명품 앞에 **the**를 붙여요. 하지만 그 발명품이 상용화되고 일상화되어 소비의 단계가 되면 **the** 외에 **a/an**과 **-s**를 붙일 수 있어요. 단수일 때는 앞에 **a/an**(한, 한 개)을 붙이고 복수일 때는 뒤에 **-s**(~들)를 붙여요.

❶ **the** computer 컴퓨터

❷ **a** computer / computer**s**
How many computer**s** do you have? 컴퓨터가 몇 대 있어?

컴퓨터가 처음 발명되었을 때는 과학자들만 접근할 수 있는 희소한 물건이었어요. 그때는 ❶번처럼 **the**를 붙여서 강조했어요. 하지만 요즘은 어느 집에나 한 대씩 있을 만큼 일상화되었기 때문에 ❷번처럼 부정관사 **a**(한, 한 개)를 붙이거나 복수형 **-s**(~들)를 붙여서 말합니다.

❸ **the** genome map 게놈 지도

❹ **a** genome map / genome map**s**
I have **a** genome map. 나는 게놈 지도가 있어.
You have **three** genome map**s**. 너는 게놈 지도가 3개 있어.

'게놈 지도'는 아직 일상화되지 않아서 ❸번처럼 앞에 **the**를 써서 사용하는 것이 좋습니다. 앞으로 20년 정도 후에 게놈 지도가 일상화된다면, 그때는 ❹번처럼 부정관사 **a**(한, 한 개)를 붙이거나 복수형 **-(~들)s**를 붙일 수 있어요.

3 악기의 이름 앞에 쓰는 the

최초의 악기는 자연과 신을 찬양하기 위해 만들어졌어요. 악기는 신과 연결해 주는 신성한 물건이었기 때문에 이를 강조하기 위해 **the**를 붙였어요.

the piano 피아노　　**the** clarinet 클라리넷　　**the** flute 플루트
the guitar 기타　　**the** cello 첼로　　**the** saxophone 색소폰

악기는 현재 상용화일상화되어서 소비의 단계가 되었으므로 **a/an**(한, 한 개), **-s**를 붙일 수 있어요.

만약 악기 이름 앞에 the를 붙여서 표현한다면 그 악기를 신성시하고 중요시할 만한 이유가 있어서예요. 즉, 그 악기를 단순히 소유하고 있는 것이 아니라 그것을 연주할 수 있는 가능성이 높은 거예요.

❶ Do you have **a** piano? 너 피아노 있어?

❷ Do you have **the** piano? 너 피아노 있어? 그리고 연주도 할 수 있어?

a piano가 아니라 ❷번처럼 the piano라고 써서 강조하면 piano를 중요하게 여길 만큼 밀접한 관계가 있는 뉘앙스를 가져요. 즉, 피아노를 연주할 수 있는 가능성이 높다는 뜻으로 해석할 수 있어요.

지금까지 the가 쓰이는 3가지 경우를 살펴봤어요. 나머지 3가지 경우는 다음 Lesson에서 알려 드릴게요.

개념 정리 Quiz

1 다음 중 틀린 설명을 고르세요.

① 정관사 the는 어떤 종류에 대해 일반적으로 총칭할 때 사용한다.
② 발명품 앞에는 항상 the만 붙일 수 있다.
③ 모든 악기의 이름 앞에 the를 붙일 수 있다.
④ 어떤 집단 전체를 지칭할 때는 명사 앞에 the를 붙인다.

2 다음 중 동일한 종류의 the로 연결된 것이 아닌 것을 고르세요.

① the super computer - the dog
② the mammal - the bird
③ the instrument - the guitar
④ the man - the woman

3 빈칸에 알맞은 관사를 바르게 짝지은 것을 고르세요.

> A: This is _____ beautiful piano.
> B: Yes. Right. I wish I had such _____ beautiful piano at my house.
> A: Can you play _____ piano?

① a - the - the
② the - a - a
③ the - the - a
④ a - a - the

4 둘 중 더 적합한 것을 고르세요.

(1) The company invented (a / the) new driverless car this year.
　　그 회사는 올해 새로운 무인자동차를 발명했다.

(2) Ted has (a / the) violin. He can play (a / the) violin well.
　　Ted는 바이올린을 하나 가지고 있어요. 그는 바이올린을 잘 연주할 수 있어요.

(3) Scientists are studying about (an / the) edible insect species in the world.
　　과학자들은 지구상에 식용으로 먹을 수 있는 곤충류에 대해서 연구를 하고 있다.

* driverless car 무인자동차 edible 먹을 수 있는 species 종(생물 분류의 기초 단위)

Practice

A the를 찾아서 밑줄을 치고, the의 쓰임에 유의하며 문장을 해석하세요.

1 The chimpanzees and the humans have the gene that matches 95%.
   * gene 유전자
   → _____

2 The new plane can travel from Seoul to New York in 2 hours.
   → _____

3 I always wanted to play the piano well, but I played the guitar more.
   → _____

4 Studying about the dinosaurs is a tough job because there is not much evidence left.
   * evidence 증거, 흔적
   → _____

5 Is it the new machine? Yes, this is the new machine invented by HAZ Company.
   * invent 발명하다
   → _____

B 관사에 유의하며 다음을 영어로 옮기세요.

6 그 새로운 발명품이 세상을 깜짝 놀라게 할 겁니다. (invention, shock, world)
   → _____

7 나는 네가 클라리넷 연주하고 있는 것을 봤어. (see, play, Clarinet)
   → _____

8 나는 바다생물에 대해서 관심이 많아요. (interested, a lot, sea creatures)
   → _____

9 만일 벌들이 사라지면 인간도 사라집니다. (bee, gone, human, too)
   → _____

10 공기로 가는 자동차가 곧 출시될 겁니다. (run on air, introduce, soon)
   → _____

the를 보는 시야를 넓혀라

앞에서 the를 쓰는 3가지 경우에 대해 알아봤어요. ① 통틀어 지칭할 때, ② 발명품 앞에, ③ 악기 이름 앞에 the를 쓴다고 했어요. 이번에는 나머지 3가지 경우를 알아봐요.

1 앞에서 언급한 단어를 다시 반복할 때 쓰는 the

이미 앞에서 언급된 후 반복적으로 나오는 명사, 서로 알고 있는 명사 앞에 **the**를 씁니다.

❶ **A** man is sitting in **a** chair.
   한 남자가 의자에 앉아 있다.

❷ **The** chair was painted this morning.
   그 의자는 오늘 아침에 페인트칠이 되었다.

❸ I think **the** man didn't know that.
   내 생각에 그 남자는 그것을 몰랐던 것 같다.

❹ Do I have to tell **the** man about **the** chair?
   내가 그 의자에 대해서 그 남자에게 말해 줘야 할까?

❶번에서는 man과 chair가 처음 등장한 명사이기 때문에 앞에 a를 썼어요. ❷~❹번에서는 man과 chair가 앞에서 언급된 명사이므로 앞에 the를 쓴 거예요.

2 공공의 개념이 들어 있는 단어 앞에 쓰는 the

만약 길을 가다가 화장실에 가고 싶어서 지나가는 사람에게 화장실이 어디 있는지 묻는다면 둘 중 어떻게 물어야 할까요?

❶ Where is **a** restroom?   ◐ 혼자 사용하는 화장실인 경우
❷ Where is **the** restroom?   ◐ 공공으로 사용하는 화장실인 경우

거리에 있는 화장실은 혼자 사용하는 것이 아니라 여러 사람들이 함께 사용하는 공공의 화장실이므로 ❷번처럼 the를 써야 합니다. 이처럼 **공공의 개념**이 들어갈 때는 명사 앞에 the를 붙이세요.

the park	함께 쓰는 공원		Where is **the** park? 공원이 어디예요?
the beach	함께 쓰는 해변가	➡	Where is **the** beach? 해변가가 어디예요?
the gym	함께 쓰는 체육관		I am looking for **the** gym. 체육관을 찾고 있어요.
the station	함께 쓰는 역		I am looking for **the** station. 역을 찾고 있어요.

단어 자체에 공공의(public) 개념이 들어 있을 때도 the를 붙여서 사용해요.

❸ **the** public phone 공중전화
❹ **the** public school 공립학교

'공중전화'는 공공의 개념이 들어 있기 때문에 the를 붙여서 ❸번처럼 말합니다. '공립학교' 또한 공공의 개념이 들어 있기 때문에 the를 붙여서 ❹번처럼 말합니다.

공공의 개념이 들어 있는 단어 앞에 a를 쓰는 경우도 있어요. 주변에 그 개수가 매우 많을 때, 강조할 필요가 없을 때는 a를 쓰기도 합니다.

③ 강조를 나타내는 the

자신이 강조하고 싶은 명사가 있다면 앞에 the를 쓰세요.

일반적으로 말할 때	강조해서 말할 때
a friend / friend**s**	**the** friend(s)
a house / house**s**	**the** house(s)
water	**the** water
a student / student**s**	**the** student(s)
a car / car**s**	**the** car(s)

a friend나 friends는 강조의 어감이 없어요. 강조하고 싶다면 the를 붙여서 **the** friend(s)라고 말해야 해요. the는 명사가 셀 수 있는지 없는지에 관심이 없습니다. 그래서 **the** student와 the students를 모두 쓸 수 있어요. 학생 한 명을 강조하고 싶다면 the student, 학생 여러 명을 강조하고 싶다면 the students라고 하면 됩니다.

지금까지 the가 쓰이는 6가지 경우를 배웠는데 그중에서 가장 틀릴 염려 없이 쓸 수 있는 것이 바로 강조의 the입니다. 강조의 the는 말하는 사람이 강조하고 싶을 때 쓰면 되니까요.

④ 글 속에서 the의 쓰임 확인하기

이제 the가 문장 속에서 어떻게 쓰이는지 알아봐요. 다음 글을 읽으면서 각각의 the가 6가지 경우 중 어느 경우에 해당하는지 말해 보세요.

> I went to **the** ice cream shop. I wanted to have an ice cream. **The** ice cream that I wanted to have was on **the** menu. I ordered **the** ice cream. He didn't understand. I said **the** same thing. He didn't understand. I wanted to leave **the** shop.
>
> After 15 minutes, I got **the** ice cream that I wanted. I licked it. The taste was bad. I threw **the** ice cream in **the** trash can. I will never forget **the** experience and **the** name of **the** ice cream shop, Han's Ice cream.

한 문장씩 같이 해석하면서 the가 어떤 용도로 쓰였는지 알아봐요.

I went to **the** ice cream shop.
나는 그 아이스크림 가게에 갔다.

○ 공공의 개념, 강조의 개념

I wanted to have an ice cream.
나는 아이스크림을 하나 먹고 싶었다.

The ice cream that I wanted to have was on **the** menu.
내가 먹고 싶었던 아이스크림은 그 메뉴에 있었다.

○ 첫 번째: 강조의 개념, 반복되는 단어
  두 번째: 공공의 개념, 강조의 개념

I ordered **the** ice cream.
나는 그 아이스크림을 주문했다.

○ 강조의 개념, 반복되는 단어

He didn't understand.
그는 이해하지 못했다.

LESSON 59 • 171

I said the same thing. 나는 똑같은 것을 말했다.	● 강조의 개념
He didn't understand. 그는 이해하지 못했다.	
I wanted to leave the shop. 나는 그 가게를 떠나고 싶었다.	● 반복되는 단어, 강조의 개념, 공공의 개념
After 15 minutes, I got the ice cream that I wanted. 15분 후에, 나는 내가 원했던 그 아이스크림을 받았다.	● 강조의 개념, 반복되는 단어
I licked it. The taste was bad. 나는 그것을 핥았다. 맛이 없었다.	● 강조의 개념
I threw the ice cream in the trash can. 나는 쓰레기통 안에 그 아이스크림을 던졌다.	● 첫 번째: 강조의 개념, 반복되는 단어 두 번째: 강조의 개념, 공공의 개념
I will never forget the experience and the name of the ice cream shop, Han's Ice cream. 나는 그 경험과 그 아이스크림 가게의 이름인 Han's Ice cream을 절대로 잊지 못할 것이다.	● 첫 번째: 강조의 개념 두 번째: 강조의 개념 세 번째: 공공의 개념, 반복되는 단어, 강조의 개념

위 글에서 알 수 있듯이, the는 한 가지 개념으로만 쓰이는 것이 아니라 2~3가지 개념으로 겹쳐서 쓰이는 경우가 많아요. 이 점을 염두에 두면 the를 보는 시야가 넓어집니다.

개념 정리 Quiz

1 다음 중 틀린 설명을 고르세요.

① 앞에서 언급한 단어를 가리킬 때는 명사 앞에 **the**를 붙인다.
② **the**는 명사의 단수형과 복수형 앞에 모두 쓸 수 있다.
③ 공공장소를 나타내는 명사 앞에는 **a/an**을 붙인다.
④ 강조하고 싶은 명사 앞에는 **the**를 붙인다.

2 다음 대화문에 쓰인 **the**의 용법으로 가장 적절한 것을 고르세요.

> A: Where is <u>the</u> city hall?
> B: It is near <u>the</u> square. You need to take <u>the</u> subway to get there.

① 통틀어 말하기 ② 공공의 개념
③ 강조 ④ 앞에서 언급한 것

3 빈칸에 들어갈 관사를 바르게 짝지은 것을 고르세요.

> (A가 전에 봤던 한 식당에 대한 얘기를 꺼내는 상황)
> A: I saw _____ Chinese restaurant around this area.
> B: Yes, there is one.
> A: Do you know how to go to _____ restaurant?

① a – a ② a – the
③ the – a ④ the – the

4 다음 문장에서 밑줄 친 **the**를 쓴 이유로 가장 적합한 것을 고르세요.

> What is <u>the</u> most famous place in this city?

① 앞에서 언급한 것을 말하기 위해서 ② 통틀어 말하기 위해서
③ 강조하기 위해서 ④ 발명품을 말하기 위해서

5 다음 대화문에서 **the**가 사용된 이유로 가장 적합한 것을 고르세요.

> A: What?
> B: The winner is you.
> A: Are you serious?
> B: Yes, the winner is you.

① 앞에서 언급한 것을 말하기 위해서 ② 공공의 개념을 나타내기 위해서
③ 강조하기 위해서 ④ 통틀어 말하기 위해서

6 밑줄 친 **the**의 성격에 해당하는 것을 모두 고르세요.

> Whenever I go to the airport, it reminds me of the day that I met you. I will never forget the time that I spent with you.

① 통틀어 말하기 ② 악기
③ 발명품 ④ 서로 알고 있는 것, 앞에서 언급된 것
⑤ 공공의 개념 ⑥ 강조

Practice

A the를 찾아서 밑줄을 치고, the의 쓰임에 유의하며 문장을 해석하세요.

1. Mount Everest is the highest in the world.
   → _____

2. I know a song. The song is the only one that I can sing well.
   → _____

3. How long does it take to go to the shop from here?
   → _____

4. Do you know where the theme park is?   * theme park 테마파크, 놀이공원
   → _____

5. It is important to memorize the example sentences.   * memorize 암기하다
   → _____

B 관사에 유의하며 다음을 영어로 옮기세요.

6. 이것은 그 시에서 가장 높은 건물이에요. (tall, building, city)
   → _____

7. 나는 그에게 질문이 하나 있었어요. 그 질문은 '네 또는 아니요'로 대답하는 질문이었어요. (question, a Yes or No question)
   → _____

8. 나는 희망이라는 단어를 강조하고 싶어요. (would like to, emphasize, word, hope)
   → _____

9. 가장 가까운 병원이 어디예요? (near, hospital)
   → _____

10. 중요한 메시지가 하나 있어요. 나는 그 메시지를 공유해야 해요. (important, message, share)
    → _____

do/does/did가 남긴 영향

강조문, 의문문, 부정문 문법이 어떤 배경을 가지고 있는지 알아보고, 이 세 가지 문법과 밀접한 관계가 있는 do, does, did에 대해서 살펴봐요.

① 명사의 동사화

우리말에서 '공부, 운동, 사랑'에 '하다'라는 동사가 붙으면 '공부하다, 운동하다, 사랑하다'와 같은 동사가 만들어져요. 즉, 우리말에서는 명사가 동사가 되려면 '하다'라는 동사의 도움을 받아야 합니다.

명사		동사
공부		공부하다
운동		운동하다
사랑	+ ~하다 ➡	사랑하다
정리		정리하다
조절		조절하다
강조		강조하다

'공부하다, 운동하다, 사랑하다'는 한 단어처럼 보이지만, 사실은 '공부+하다', '운동+하다', '사랑+하다'와 같이 두 단어가 합쳐져서 만들어진 거예요.

영어에서 study, exercise, love도 '공부', '운동', '사랑'이라는 뜻의 명사로 먼저 쓰였어요. 이 명사를 동사로 만들기 위해서 '하다'라는 뜻의 do를 붙여서 다음과 같이 말했어요.

	명사		동사
	study		do study
	exercise		do exercise
do	love	➡	do love
(~하다) +	arrange		do arrange
	control		do control
	emphasize		do emphasize

주어가 He, She, It일 때는 do 대신 does를 붙이고, '~했다'라고 과거로 말할 때는 did를 붙였어요.

do/**does**/**did** study	공부하다/공부하다/공부했다
do/**does**/**did** exercise	운동하다/운동하다/운동했다
do/**does**/**did** love	사랑하다/사랑하다/사랑했다
do/**does**/**did** arrange	정리하다/정리하다/정리했다

② do/does/did의 반복을 피하는 방법

동사를 쓸 때마다 do/does/did가 계속 반복되다 보니, 이 문제를 해결하기 위해 do/does/did를 문장에서 빼기 시작합니다. 하지만 do/does/did를 빼면 다음과 같은 문제가 생깁니다.

I ~~do~~ like it.
I ~~did~~ like it. → I like it.
○ 문제점: do가 빠진 현재인지, did가 빠진 과거인지 알 수 없음

He ~~does~~ go.
He ~~did~~ go. → He go.
○ 문제점: does가 빠진 현재인지, did가 빠진 과거인지 알 수 없음, 3인칭 -es가 없음

They ~~do~~ work.
They ~~did~~ work. → They work.
○ 문제점: do 빠진 현재인지, did가 빠진 과거인지 알 수 없음

do/does/did가 빠지면 시제를 알 수 없게 돼버려요. 이러한 문제점을 해결하기 위하여, 반복되는 do/does/did를 생략할 때 각 단어가 가지는 독특한 소리를 남겨두는 방법을 취합니다.
does만 가지고 있는 고유한 소리는 -es[즈]이고, did만 가지고 있는 고유한 소리는 -d[드]예요. 이러한 소리를 명사 뒤에 붙여 놓는 겁니다. 이렇게 명사 뒤에 각 단어의 특징 있는 소리를 남겨 놓음으로써 do/does/did 중에 무엇이 문장 속에 쓰였었는지 알 수 있게 해 줍니다. 예를 들어 볼게요.

He ~~does~~ go.
→ He go. ○ 반복되는 does를 지운다.
→ He go**es**. ○ does의 독특한 소리인 -es를 go 뒤에 붙인다.

He does go.에서 does를 빼면 He go.가 되어 시제가 사라져 버립니다. does만의 독특한 소리인 -es를 go 뒤에 남기기 위해 goes로 고치고 does를 빼면 He goes.가 남습니다. 3인칭 주어(He, She, It) 뒤에 오는 동사에 -s/es를 붙이는 이유는 바로 이런 배경 때문입니다.

They ~~did~~ work.
→ They work.　　　○ 반복되는 did를 지운다.
→ They work**ed**.　　　○ did의 독특한 소리인 -d를 work 뒤에 붙인다.

They did work.에서 did를 지우면 They work.가 되어 시제가 현재인지 과거인지 알 수 없어요. did만의 독특한 소리인 -d[드]를 work 뒤에 써서 worked라고 하면 과거형 did가 지워졌다는 것을 알 수 있어요. 그래서 They worked.라는 문장이 만들어졌어요. 과거형 동사 뒤에 -d/ed를 붙이는 이유는 바로 이런 배경 때문이에요.

3인칭 주어 뒤에 오는 동사에 -s/es를 붙이는 이유와 과거형 동사에 -d/ed를 붙이는 이유를 알게 됐으니 앞으로는 3인칭 현재형과 과거형 문장을 보다 쉽게 쓸 수 있을 거예요.

③ 강조문

do/does/did를 빼지 않고 문장 속에서 그대로 사용하면 눈에 띌 수밖에 없고, 이는 결국 강조의 형태가 됩니다. 즉, 평서문에서 do/does/did를 쓰면 강조하는 문장이 됩니다.

❶ He goes.　　→　He does go.　　　그는 확실히 간다.
❷ They worked.　　→　They did work.　　　그들은 정말 일했다.
❸ I love you.　　→　I do love you.　　　나는 정말 너를 사랑해.

do/does/did가 들어간 오른쪽 문장들은 모두 강조의 색깔을 갖고 있어요. ❶번에 does를 다시 쓰면 go**es**에 있던 es는 필요가 없기 때문에 동사원형 go가 됩니다. ❷번에서도 did를 다시 쓰면 work**ed**에 있던 ed가 필요 없기 때문에 동사원형 work가 됩니다.

④ 의문문

의문문은 듣는 사람의 대답과 반응을 요구하기 때문에 그 자체가 강조하는 문장이에요. 따라서 의문문을 만들기 전에 먼저 강조문으로 바꿔야 해요. 그런 다음, do/does/did를 문장 앞으로 옮깁니다.

❶ You love me.
→ You **do** love me. ◐ 강조문으로 바꾼다.
→ **Do** you love me? 너는 나를 사랑하니? ◐ do를 문장 맨 앞으로 보낸다.

❷ He goes.
→ He **does** go. ◐ 강조문으로 바꾼다.
→ **Does** he go? 그는 가니? ◐ does를 문장 맨 앞으로 보낸다.

❸ They worked.
→ They **did** work. ◐ 강조문으로 바꾼다.
→ **Did** they work? 그들은 일했어? ◐ did를 문장 맨 앞으로 보낸다.

'의문문을 만들 때 do/does/did를 주어 앞에 붙이고, 동사를 동사원형으로 바꾼다'라는 문법 설명은 바로 이러한 배경을 갖고 있는 거예요.

⑤ 부정문

부정문 역시 의문문처럼 그 자체가 강조하는 문장이에요. 따라서 어떤 문장을 부정문으로 만들려면 우선 do/does/did를 붙여서 강조문으로 바꿉니다. 그런 다음 do/does/did 뒤에 부정을 나타내는 단어 not을 붙이면 됩니다.

❶ I love you.
→ I **do** love you. ◐ 강조문으로 바꾼다.
→ I **do not** love you. 나는 너를 사랑하지 않는다. ◐ do 뒤에 부정어 not을 붙인다.

❷ He goes.
→ He **does** go. ◐ 강조문으로 바꾼다.
→ He **does not** go. 그는 가지 않는다. ◐ does 뒤에 부정어 not을 붙인다.

❸ They worked.
→ They **did** work. ◐ 강조문으로 바꾼다.
→ They **did not** work. 그들은 일하지 않았다. ◐ did 뒤에 부정어 not을 붙인다.

이것을 문법적으로 설명하면 '평서문을 부정문으로 바꾸려면 do/does/did+not을 동사 앞에 붙이고 동사를 원형으로 바꾼다'라고 요약할 수 있어요.

개념 정리 Quiz

1 do의 영향을 받아서 만들어진 문법이 아닌 것을 고르세요.

① 강조문　　　　　　　　② 의문문
③ 부정문　　　　　　　　④ 감탄문

2 다음 중 문법이 올바르지 않은 것을 고르세요.

① I do like it.
② She does says it.
③ They did buy it.
④ You do know it.

3 다음 중 do가 강조의 어감으로 쓰이지 않은 것을 고르세요.

① Did you go there?
② Do they come?
③ I don't get it.
④ I'll do my homework.

4 다음 중 문법이 올바르지 않은 것을 고르세요.

① Do you do that often?
② Did he say what he did?
③ She does make them do that.
④ They do think you know do it.

5 다음 중 do의 용법이 다른 것을 고르세요.

① What did you say?
② Do you think that he will come?
③ Can you do that?
④ Who does she think she is?

6 다음 문장을 강조문, 의문문, 부정문으로 바꾸세요.

(1) You have time.

① [강조문] → _____

② [의문문] → _____

③ [부정문] → _____

(2) The students passed the test.

① [강조문] → _____

② [의문문] → _____

③ [부정문] → _____

(3) The game starts at 8:30.

① [강조문] → _____

② [의문문] → _____

③ [부정문] → _____

Practice

A do/does/did를 찾아서 밑줄을 치고, 문장을 해석하세요.

1. He does change the time again.
   → _____

2. Did you say that?
   → _____

3. They do not sell it.
   → _____

4. We did learn from this course.
   → _____

5. Do they know you did write it by yourself?
   → _____

B do/does/did를 이용하여 다음을 영어로 옮기세요.

6. 나는 정말로 그녀를 알아요. [강조문] (know)
   → _____

7. 너 그것을 해냈니? [의문문] (make it)
   → _____

8. 그것은 정말로 도움이 돼요. [강조문] (help)
   → _____

9. 그들은 그것을 가지고 있지 않아요. [부정문] (have)
   → _____

10. 그의 질문들은 우리를 귀찮게 하지 않았다. [부정문] (question, bother)
    → _____

11 네가 정말로 그렇게 말했잖아. [강조문] (say)
→ _____

12 내가 이것을 썼어? [의문문] (write)
→ _____

13 나는 오늘은 출근하지 않아도 돼요. [부정문] (have to, go to work)
→ _____

14 그녀가 정말로 Yes라고 말했다니까. [강조문] (say)
→ _____

15 잘 잤어? [의문문] (sleep, well)
→ _____

16 그게 잘 움직이니? [의문문] (move, all right)
→ _____

17 저는 그건 예상 안 했어요. [부정문] (expect)
→ _____

18 나는 정말로 지금 그걸 깨달아요. [강조문] (realize, now)
→ _____

19 너 그 생각에 동의하니? [의문문] (agree with, idea)
→ _____

20 난 전에는 이걸 몰랐어. [부정문] (know, before)
→ _____

•••

여기까지 오시느라고 수고 많으셨습니다.
이제 여러분이 익힌 문법이 손끝에서 문장으로 나올 수 있도록
책에 있는 예문을 따라 쓰면서 문장 만드는 연습을 해 보세요.
수고하셨습니다!

LESSON 41 합해서 만들어지는 '진행형'

개념 정리 Quiz   p. 18

1 ③   2 ②
3 (1) are waiting   (2) was cheating
  (3) were returning (4) is controlling
  (5) was checking
4 ②

1 현재형은 넓은 시간대를, 현재진행형은 좁은 시간대를 나타낸다.
2 현재 일어나고 있는 상황을 얘기하고 있으므로 현재진행형을 넣는다.
3 시제에 따라 현재진행형 또는 과거진행형을 만들면 된다. 이때 주어의 인칭에 맞는 be동사를 쓰는 데 주의하자.
4 ①, ③, ④번은 모두 be going to(~할 예정이다)를 사용한 미래형 문장인 반면, ②번은 현재진행형 문장이다.
  해석| ① 누가 먼저 시도해 볼래?
       ② 모든 것이 제대로 돌아가고 있어.
       ③ 무슨 일이 일어날 거야.
       ④ 넌 왜 그들이 올 거라고 생각해?

Practice   p. 19

A

1 It <u>is growing</u> very fast.
   그것은 매우 빨리 자라고 있어.
2 I <u>was trying</u> to help you.
   나는 너를 도우려고 노력하는 중이었어.
3 <u>Are</u> you <u>making</u> fun of me?
   너 나를 놀리고 있는 거야?
4 You <u>were keeping</u> something behind you.
   너는 네 뒤에 뭔가를 감추고 있었어.
5 I <u>am working</u> as usual for you and our better future.
   나는 너와 우리의 더 나은 미래를 위해서 평소처럼 일하고 있는 중이야.

B

6 You are eating mine.
7 Go ahead. I am listening.
8 It is raining outside.
9 I was thinking about you.
10 They were taking care of the children.

C

11 (1) I am checking.
   (2) I am checking the answer.
   (3) I am checking the answer in the test.
12 (1) They are exercising.
   (2) They are exercising in the gym.
   (3) They are exercising in the gym for the next game.
13 (1) The woman is coming.
   (2) The woman with a red T-shirt is coming.
   (3) The woman with a red T-shirt is coming to me.

 LESSON 42 무엇을 '완료', '진행'이라고 할까?

개념 정리 Quiz   p. 25

1 ④   2 ③   3 ①
4 (1) 가지고 있다, 먹다   (2) ~시키다, ~하게 하다
  (3) 반드시 ~해야만 한다 (4) 현재까지 ~했다
5 ②   6 ③

1 '현재까지 ~했다'라고 하려면 have 뒤에 과거분사를 쓴다.
2 현재완료는 〈have+과거분사〉의 형태로 이루어진다.
3 현재완료에는 현재분사가 아니라 과거분사가 들어간다.
5 ①, ③, ④번에서 have는 일반동사로 쓰였고 ②번에서 have는 현재완료(have/has+과거분사)로 쓰였다.

해석 | ① 나는 차를 한 대 가지고 있어.
② 그녀는 그것을 위해서 준비해 왔어.
③ 우리는 우리가 필요한 것을 가지고 있어.
④ 그것은 그것만의 고유한 스타일을 가지고 있어.

6 ①, ②, ④번에서 have는 현재완료로 쓰였고, ③번에서 have는 '가지고 있다'라는 뜻의 일반동사로 쓰였다.

해석 | ① 나는 그것을 해냈어.
② 누가 그 창문을 열었어?
③ 그녀는 중고 컴퓨터를 많이 가지고 있어.
④ 그들은 그 기관을 설립했다.

Practice   p. 26

A

1 Look at the birds! They are <u>flying</u> peacefully.
저 새들 좀 봐! 저들은 평화롭게 날고 있어.

2 He was <u>snoring</u> all night because he was very <u>tired</u>.
그는 매우 피곤했기 때문에 밤새 코를 골았다.

3 Why don't you use this <u>soothing</u> cream for your sunburn?
화상 입은 곳에 이 진정시키는 크림을 발라 보는게 어때?

4 I have <u>listened</u> to the <u>recorded</u> music over and over again.
나는 그 녹음된 음악을 듣고 또 들었다.

5 The floor was <u>wiped</u> by the <u>crawling</u> baby.
바닥은 기어 다니는 아기에 의해서 닦여졌다.

B

6 I like to have pizza and (a) cola together.
7 We all have a dream.
8 You had me come here.
9 I have to work today.
10 They have just arrived.

 LESSON 43 알고 싶다, 현재완료

개념 정리 Quiz   p. 35

1 ④   2 ②   3 ①
4 (1) 진행형   (2) 수동태   (3) 현재완료
5 (1) 현재진행, 현재완료, 현재완료진행
　(2) 과거진행, 과거완료, 과거완료진행
　(3) 미래진행, 미래완료, 미래완료진행
6 ③   7 ④   8 ③

2 현재진행에는 현재분사가 들어간다.
3 수동태에는 과거분사가 들어간다.
6 ①번은 과거진행이고, ②, ④번은 과거시제이다. ③번은 현재완료로서 과거부터 현재까지 일어난 일을 나타내므로 가장 최근에 일어난 일이다.

해석 | ① 나는 주문하고 있었어.
② 나는 봤어.
③ 나는 (현재까지) 청소했어.
④ 나는 받아들였어.

7 ④번은 과거완료 문장으로서, 과거 이전의 시제를 나타내므로 가장 과거에 일어난 일이다.

해석 | ① 그들은 대화를 했어.
② 그녀는 점점 좋아지고 있었어.
③ 네가 그것을 했구나.
④ 그는 도메인 이름을 등록했었어.

8 해석 | ① 누가 이것을 할 거야?
② 하루 종일 비가 오고 있어.
③ 사람들은 줄을 서서 기다려 왔어.
④ 네가 여기에 도착할 쯤에는 내가 그것을 고쳐 놨을 거야.

Practice   p. 37

A

1 She <u>has updated</u> more pictures.
그녀는 더 많은 사진을 업데이트해 놓았다. (현재완료)

2 No one <u>has noticed</u> it yet.
아무도 아직 그것을 눈치채지 못했다. (현재완료)

3 I <u>have</u> never <u>seen</u> anything like this before.
나는 이런 것을 전에 본 적이 없어. (현재완료)

4 He had noticed it.
   그는 그것을 눈치챘었다. (과거완료)

5 They will have been waiting for you by the time you come.
   네가 올 때쯤이면 그들이 너를 기다리고 있을 거야. (미래완료진행)

B

6 Nothing has happened.
7 I have heard about you.
8 It has just started.
9 I had never seen it until then.
10 I have been sitting and typing for three hours.

 LESSON 44 밝혀지는 시제의 비밀 -ed와 -ing

개념 정리 Quiz   p. 42

1 현재완료, 과거완료, 미래완료
2 현재진행, 과거진행, 미래진행, 현재완료진행, 과거완료진행, 미래완료진행
3 (1) 현재진행 (2) 과거진행 (3) 단순미래
  (4) 현재완료 (5) 현재완료 (6) 현재진행
  (7) 현재완료진행
4 (1) has come (2) will come back
  (3) have shown

3 해석 (1) 너 나한테 얘기하고 있는 거야?
       (2) 나는 로비에서 쉬고 있었어.
       (3) 그녀는 곧 여기에 올 거야.
       (4) 해가 떠올랐다.
       (5) 나는 충분히 일해 왔다.
       (6) 모든 것이 순조롭게 되고 있다.
       (7) 그것은 잘 작동해 오고 있다.

4 (1) 현재완료형 Time has come.을 써야 바로 뒤에 오는 문장 We have to go.(단순현재형)와 시제가 맞는다.
  (2) soon(곧)이 있으므로 미래형인 will come back이 어울린다.
  (3) so far(지금까지)가 있으므로 문맥상 현재완료형이 어울린다.

Practice   p. 43

A

1 Who was there with you?
   누가 너와 함께 거기에 있었어?
2 The medicine will help your fever.
   그 약이 너의 열에 도움이 될 거야.
3 They have waited for me for many days.
   그들은 여러 날 동안 나를 기다려 왔어.
4 They were laughing and laughing.
   그들은 웃고 또 웃는 중이었어. (그들은 한참을 웃는 중이었어.)
5 She had decorated her room.
   그녀는 (과거 그때까지) 자신의 방을 꾸몄었어.

B

6 I have seen it before.
7 She had said it.
8 They are collecting opinions from people.
9 What will happen to us?
10 I was dreaming.

LESSON 45 쓰고 싶은 시제 마음대로 쓰기

개념 정리 Quiz   p. 50

1 (1) am/are/is + -ing (2) 과거진행
  (3) will be + -ing (4) 현재완료
  (5) had + -ed (6) 미래완료 (7) 현재완료진행
  (8) had been + -ing (9) 미래완료진행
2 ④   3 ③
4 (1) I have finished.
  (2) They have been negotiating.
  (3) The player had entered.

(4) The businessman had been reporting the result.
　　(5) I will be eating then.
5　②

2　④번에서 has는 '가지고 있다'는 뜻의 일반동사로 쓰인 것이므로, ④번은 현재형 문장이다.

　해석 | ① 네가 방금 그걸 말했잖아.
　　　② 일주일 내내 비가 왔어.
　　　③ 그들은 수년간 그것을 알고 있었어.
　　　④ 그는 그것에 관해서 뭔가 말할 게 있어.

3　①, ②, ④번은 현재완료진행이고 ③번은 현재완료이다.

　해석 | ① 그들은 이것을 위해서 기도해 오고 있다.
　　　② Sam은 그것에 대해서 논쟁을 해 오고 있다.
　　　③ 그는 그 직책을 고려해 왔다.
　　　④ 나는 영어를 공부해 오고 있다.

4　해석 | (1) 나는 끝내 왔다.
　　　 (2) 그들은 협상을 해 오고 있다.
　　　 (3) 그 선수는 (과거의 특정 시점까지) 입장했었다.
　　　 (4) 사업가는 결과를 보고해 오고 있었다.
　　　 (5) 나는 그때 먹고 있을 것이다.

5　해석 | 나는 지금까지 운동을 해 오고 있어. 3개월 전에 운동을 시작했는데 현재까지 하루도 빠지지 않았어. 여름이 오기 전에 운동을 더 많이 할 거야.

Practice　　p. 52

A

1　I <u>will have arrived</u> there by 6 p.m.
　나는 오후 6시까지 거기에 도착해 있을 거야. (미래완료)

2　How long <u>have</u> you <u>been waiting</u>?
　너는 얼마나 오랫동안 기다리고 있는 중이야? (현재완료진행)

3　He <u>had</u> already <u>packed</u> when I <u>got</u> there.
　내가 그곳에 도착했을 때 그는 이미 짐을 싸 놓았어.
　(주절: 과거완료, 부사절: 과거)

4　I <u>will be waiting</u> for you whether you <u>like</u> it or not.
　네가 좋든 싫든 나는 너를 기다리고 있을 거야.
　(주절: 미래진행, 부사절: 현재)

5　I <u>will have been reading</u> the book by the time you <u>come</u> back.
　나는 네가 돌아올 때쯤이면 그 책을 읽고 있는 중일 거야.
　(주절: 미래완료진행, 부사절: 현재)

B

6　This area has changed dramatically.
　(= This area has dramatically changed.)

7　You have been a great help.

8　I have been living here for five years.

9　I have been waiting for them for three hours.

10　Since then, we have been trying.
　(= We have been trying since then.)

C

11　(1) It is raining.
　　(2) It has rained.
　　(3) It has been raining.
　　(4) It was raining.
　　(5) It had rained.
　　(6) It had been raining.

12　(1) Jason and I are talking.
　　(2) Jason and I were talking.
　　(3) Jason and I have talked.
　　(4) Jason and I had talked.
　　(5) Jason and I will talk.
　　(6) Jason and I will be talking.

13　(1) We were learning.
　　(2) We will learn.
　　(3) We will be learning.
　　(4) We are learning.
　　(5) We have learned.
　　(6) We had learned.

14　(1) I work on it.
　　(2) I am working on it.
　　(3) I have been working on it.
　　(4) I will work on it.
　　(5) I will be working on it.
　　(6) I will have been working on it.

LESSON 46 우리만 여태 틀렸던 시제 실수들

개념 정리 Quiz
p. 60

1 ④ 2 ④ 3 ③
4 (1) have had   (2) got
  (3) is always asking   (4) met

1 have = have got = got은 모두 현재시제로서 '가지고 있다'라는 뜻이다. had gotten은 과거완료시제이다.

2 문장에 쓰인 과거 시제를 통해 그녀가 과거에 긴 머리를 가지고 있었던 것은 확실히 알 수 있다. 그러나 그것은 과거의 상태나 일을 나타낼 뿐 지금은 어떤지 전혀 알 수가 없다.
해석ㅣ 그녀는 긴 머리를 가지고 있었다.

3 always와 현재진행형을 함께 써서 말하면 불평불만의 뉘앙스를 풍긴다.
해석ㅣ 우리 부모님은 맨날 나를 아침 일찍 깨워.

4 (1) 과거부터 지금까지 가지고 있으므로 현재완료를 쓴다.
(2) 현재에 대한 얘기이므로 got을 쓴다. 여기서 got은 have got의 줄임말로서 현재형을 나타낸다.
(3) always를 진행형과 같이 쓰면 불평하는 뉘앙스가 된다.
(4) 과거의 일이 현재까지 이어지고 있는 것이 아니므로 과거형을 쓴다.

Practice
p. 61

A

1 Spring has gone and summer has come.
봄이 가고 여름이 왔다.

2 He came back to his house an hour ago. I don't know if he is still in the house or not.
그는 한 시간 전에 그의 집에 돌아왔어. 그가 아직 집에 있는지 없는지 모르겠어.

3 She has come back to her house. I am sure she is still in the house.
그녀는 그녀의 집으로 돌아왔어. 그녀가 아직 집에 있는 게 확실해.

4 I started teaching eleven years ago. I am still teaching. I have been teaching for eleven years.
저는 11년 전에 가르치기 시작했어요. 저는 여전히 가르치고 있어요. 저는 11년 동안 가르쳐 오고 있어요.

5 I am always forgetting something.
나는 맨날 뭔가를 잊어버려.

B

6 We have got some extra money.
  (= We've got some extra money.)
  (= We got some extra money.)

7 I wanted to see you yesterday.

8 I have wanted to see you.

9 I am always there in the afternoon.

10 People are always throwing food waste here.

LESSON 47 이렇게 길게 써질 수가!

개념 정리 Quiz
p. 67

1 (1) 명사, 동사, 명사, 전치사, 명사
  (2) 형용사, 전치사+명사, 형용사절(또는 문장/절)

2 ①, ③, ④   3 ①, ②, ④   4 ③   5 ④

6 I was sitting in the subway. I was half asleep. I felt an old woman standing in front of me. I did not want to give the seat I have to her. I pretended to sleep. When the subway arrived at the station I needed to get off at, I raised my head and looked at the old woman. Surprisingly, it was my mother. I asked why she didn't tell me. She said, "I didn't want to wake you up because you looked tired."

7 〈정답 예〉

(1) I found my credit card in my pocket.
(나는 내 주머니 속에서 내 신용카드를 찾았다.)

I found my credit card on the floor.
(나는 바닥에서 내 신용카드를 찾았다.)

I found my credit card under the desk.
(나는 책상 아래에서 내 신용카드를 찾았다.)

(2) I found my credit card I lost today.
(나는 오늘 잃어버린 내 신용카드를 찾았다.)
I found my credit card I used a week ago.
(나는 일주일 전에 사용했던 내 신용카드를 찾았다.)

2 형용사는 모든 명사 앞에 쓸 수 있다. 따라서 명사인 people, things, places 앞에 형용사를 쓸 수 있다.
해석│사람들은 장소 같은 것들을 얘기하고 있다.

3 〈전치사+명사〉는 모든 명사 뒤, 모든 문장 앞 또는 뒤에 쓸 수 있다.
해석│야영객들은 이 지역 안에 머물러 있어야 해요.

4 문장은 명사 뒤에 끼워 넣을 수 있는데 보기 중 명사 뒤는 ③번뿐이다. this는 명사로 쓰이기도 하지만 여기서는 discount ticket을 꾸미는 형용사로 쓰였다. 따라서 discount ticket 뒤인 ③번이 정답이다.
해석│(내가 가지고 있는) 이 할인 티켓은 10달러밖에 안 한다.

5 분사(형용사), 문장(형용사절), 전치사구는 명사 앞이나 뒤에 끼워 넣어 문장을 길게 늘일 수 있다. 그러나 관사는 반드시 명사 앞에만 써야 하며 특히 셀 수 없는 명사 앞에는 a/an을 쓸 필요가 없으므로, 문장 속에 끼워 넣는 문법과는 별개이다.

6 해석│
나는 지하철에 앉아 있었다. 나는 비몽사몽 상태였다. 나는 한 나이 든 여자가 내 앞에 서 있는 것을 느꼈다. 나는 내가 앉아 있는 자리를 그녀에게 주고 싶지 않았다. 나는 자는 척했다. 지하철이 내가 내려야 할 역에 도착했을 때 나는 고개를 들어서 그 노인을 쳐다봤다. 놀랍게도 그 사람은 우리 엄마였다. 나는 왜 나한테 말하지 않았냐고 물었다. 엄마는 "네가 피곤해 보여서 깨우고 싶지 않았지."라고 말씀하셨다.

Practice   p. 69

A

1 I like the big (pictures) you took during your trip.
나는 네가 여행 중에 찍은 저 큰 사진이 마음에 들어.

2 I don't believe the (rumor) I heard from them.
나는 그들에게서 들은 소문을 믿지 않아.

3 Did you see my brown (sunglasses) I was wearing in the morning?
내가 아침에 쓰고 있던 내 갈색 선글라스 봤어?

4 You have to understand the key (point) in this chapter.
넌 이 챕터에 있는 핵심 사항을 이해해야 돼.

5 I watched the famous (movie) people and magazines are talking about.
나는 사람들과 잡지에서 회자되고 있는 그 유명한 영화를 봤다.

B

6 I want to buy the book I read in the library.

7 How much is the white jacket next to the door?

8 People I met in Jeju were all kind.

9 I lost the shopping list she gave in the mall.

LESSON 48 3 Steps로 한없이 길게 쓰기

개념 정리 Quiz   p. 76

1 ①   2 ①   3 ③
4 (1) we can hear   (2) you like
   (3) I know   (4) I don't want to miss
5 (1) (the) sincere advice
   (2) (the) advice he gave
   (3) (the) advice for you
6 (1) We have a dream we want to achieve.
   (2) We have a dream we want to achieve in the future.
7 ④

2 형용사절은 명사 뒤에 쓸 수 있으므로 명사의 개수만큼 쓸 수 있다.

3 ① 네가 언급한 (형용사절) ② 내가 알고 있던 (형용사절) ③ 그의 친구 (명사) ④ 그녀가 말한 (형용사절)
해석│그 이름이 목록에 있었다.

4 각 명사 뒤에 형용사절을 넣어 준다.

5 (1) 형용사 sincere로 advice를 앞에서 수식한다.
   (2) 형용사절 he gave로 advice를 뒤에서 수식한다.
   (3) 전치사구 for you로 advice를 뒤에서 수식한다.

6 (1)번은 형용사절 we want to achieve를 이용해서 명사 dream을 꾸며주고, (2)번은 전치사구 in the future를 문장 맨 뒤에 넣어 준다.

7 해석|
① 당신이 살아 온 삶은 집에 있는 거울과도 같습니다. 그것에 미소를 보내면 그것은 당신에게 미소를 돌려주죠. (희망과 성공으로 보답한다는 뜻)
② 신이 당신에게 준 삶은 당신 앞에 있는 거울과도 같습니다. 그것에 미소를 보내면 그것은 당신에게 미소를 돌려주죠.
③ 우리가 가진 삶은 벽에 있는 거울과도 같습니다. 그것에 미소를 보내면 그것은 당신에게 미소를 돌려주죠.
④ 당신이 구입한 삶은 당신 뱃속에 있는 거울과도 같습니다. 그것에 미소를 보내면 그것은 당신에게 미소를 돌려주죠.
→ 내용이 어색함

Practice
p. 78

A

1 The (answer) you changed was the right (answer).
네가 바꾼 답이 정답이었어.

2 This is the (chance) I have been waiting for.
이것은 내가 기다려 온 기회야.

3 He is the (person) you are supposed to meet in the office.
그는 네가 사무실에서 만나기로 한 사람이야.

4 I will never forget the (day) I met you in the elevator.
나는 내가 엘리베이터에서 너를 만난 날을 결코 잊지 못할 거야.

5 The (bag) you have and the (bag) I have at home are the same.
네가 가지고 있는 가방이랑 내가 집에 가지고 있는 가방이 똑같아.

B

6 The food you ate was mine.
7 I love the gift you gave me.
8 I downloaded the game you told me (about).
9 These are the books I read when I was a child.
10 This is the item I always use.

C

11 (1) People like movies.
　(2) People like impressive movies.
　(3) People like impressive movies about love.
　(4) People like impressive movies about love around us.

12 (1) I bought some bread.
　(2) I bought some delicious bread.
　(3) I bought some delicious bread in a bakery.
　(4) I bought some delicious bread in a bakery in front of my house.

13 (1) This is a hint.
　(2) This is an important hint.
　(3) This is an important hint for the test.
　(4) This is an important hint you need for the test.

14 (1) I heard the news.
　(2) I heard the surprising news.
　(3) I heard the surprising news from Watson.
　(4) I heard the surprising news from Watson I met yesterday.

LESSON 49 이제야 밝혀지는 이름 - 관계대명사

개념 정리 Quiz　p. 84

1 ②　2 ①　3 ④　4 ③
5 (1) that you love　(2) that love you
　(3) that I like　(4) that is boring
6 (1) ④　(2) ①

3 ~the shirt the shirt is displayed~에서 중복되는 the shirt 대신 that을 사용한 것이다.

해석 | 두 번째 줄에 진열된 저 셔츠를 어떻게 생각해?

4 목적격 관계대명사 that은 해석상 차지하는 비중이 크지 않아서 생략할 수 있다.

해석 | ① 나를 행복하게 한 그 감사편지
② 나를 괴롭히는 그 생각
③ 내가 지금 당장 필요한 그것
④ 모든 인간생활을 변화시키는 그 기술

Practice   p. 86

A

1 The bus that comes now goes to Seoul Station.
지금 오는 버스는 서울역으로 가요.

2 Don't wear a skirt that is too short in the office.
사무실에서 너무 짧은 치마는 입지 마세요.

3 I don't want to miss the TV drama that is on Tuesday.
나는 화요일에 하는 TV 드라마를 놓치고 싶지 않아.

4 What is the thing that moves up and down?
위로 올라갔다 내려갔다 하는 저게 뭐지?

5 You gave the speech that touched everybody.
당신은 모두에게 감동을 준 연설을 했어요.

B

6 that is not expensive

7 (that) I heard

8 that is running

9 (that) I told you

10 that are moving

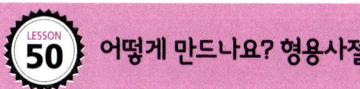

개념 정리 Quiz   p. 92

1 ②

2 (1) 형용사절 (2) 선행사

3 (1) who (2) which (3) where (4) that
  (5) who (6) when (7) why

4 (1) that is hot
  (2) that is cool
  (3) that surprised us
  (4) that make people sensitive
  (5) that is finished

5 ②

6 The world is a dangerous place to live – not because of the (people) who are evil but because of the (people) who don't do anything about it.

1 ② 선행사는 항상 명사만 써야 한다. 형용사절(관계대명사절)은 명사를 수식하기 위한 것이다.

5 me는 사람이므로 관계대명사 who나 that을 사용해야 한다.
해석 | ② 밤늦게 너한테 전화한 사람은 나였어.

6 해석 | 세상은 살기에 위험한 곳이다. 사악한 사람들 때문이 아니라 그것(악)에 대해서 아무것도 하지 않는 사람들 때문이다.
– 알버트 아인슈타인 –

Practice   p. 94

A

1 She is the (one) who saved us.
그 여자가 우리를 구한 사람이에요.

2 The (3D TV) which is made in Korea is well-known.
한국에서 만드는 3D TV는 잘 알려져 있어요(유명해요).

3 That is the only (place) where you can buy it.
그곳이 네가 그것을 살 수 있는 유일한 곳이야.

4 Which is your (bag) that you are looking for?
당신이 찾고 있는 가방은 어느 것인가요?

5 I remember the (time) when we worked together.
나는 우리가 함께 일하던 그때를 기억해요.

B

6 (that/which) you made

7 who/that is waving hands

8 that/which comes from the kitchen

9 (that/which) I heard

10 This is a door that/which opens automatically.

C

11 I know the girl who/that is eating pizza.

12 That is the paper cup (that/which) I used.

13 Anyone who/that is tired can take a rest here.

14 Did you read the text message (that/which) I sent?

15 Passengers who/that have numbers from 1 to 10 come in.

LESSON 51 형용사절을 형용사구로 바꾸는 이유

개념 정리 Quiz   p. 99

1 ④

2 The team that was losing the game scored two goals in the last five minutes and won the game. People who were watching that game were all excited.

3 be동사는 생략해도 전체 내용을 이해하는 데 큰 지장을 주지 않기 때문이다.

4 (1) Did you see the cat jumping over the fence?
   (2) The boy missing for two days came back home safely.
   (3) The problem confusing me during the test were number 13 and 15.

1 형용사절은 모든 명사 뒤에 쓸 수 있다.

2 해석 | 경기에 지고 있던 팀이 마지막 5분 동안 두 골을 넣어서 경기를 이겼다. 그 경기를 보고 있던 사람들은 모두 흥분했다.

4 해석 | (1) 울타리를 뛰어 넘고 있던 고양이 봤어?
   (2) 이틀간 실종되었던 소년이 안전하게 집으로 돌아왔다.
   (3) 시험 보는 동안 나를 헷갈리게 했던 문제는 13번과 15번이었다.

Practice   p. 100

A

1 Someone calling my name is my teacher.
   내 이름을 부르고 있는 사람은 나의 선생님이다.

2 The woman who is dancing on the stage is Lisa.
   무대에서 춤추고 있는 여자는 Lisa야.

3 The man waiting for me wants to borrow some money from me.
   나를 기다리고 있는 남자는 나에게서 돈을 빌리고 싶어 해.

4 Be careful with the water that is still hot.
   아직도 뜨거운 그 물을 조심해.

5 This is Jane living with me.
   얘는 나와 살고 있는 Jane이야.

B

6 (1) that/which is coming now
   (2) coming now

7 (1) who/that was running into the building hurriedly
   (2) running into the building hurriedly

8 (1) that/which is flying over my head
   (2) flying over my head

C

9 Jane living with me is very diligent.

10 There were many people walking in the park.

11 There is a road sign showing the direction.

12 I received the text message telling me to come by 2 p.m.

13 The man walking arm in arm with a girl was my boyfriend.

LESSON 52 상황에 맞게 바꾸자: 형용사절→형용사구

개념 정리 Quiz p. 110

1 ④ 2 ④ 3 ③ 4 ②

5 (1) Why don't you tell me the condition in your mind?
  (2) Where do I get the pamphlet showing the location and the time?
  (3) The cookies made for your birthday party were boxed.
  (4) The candies displayed in the window look very sweet.
  (5) Mistakes are proof telling that you are trying.

1 형용사절을 형용사구로 바꿀 때 관계대명사 뒤에 오는 일반동사는 생략하지 않고 뒤에 -ing를 붙인다.

2 ④번을 넣으면 A man is sleeping and hiding is wise.가 되는데, 이는 문법도 틀리고 내용도 어색한 문장이다.

해석 | ① 미래를 준비하는 사람은 현명하다.
     ② 시간을 관리할 줄 아는 사람은 현명하다.
     ③ 자신의 약점을 아는 사람은 현명하다.

3 ③번은 형용사절 that you are saying에 자체 주어 you가 있기 때문에 형용사구로 고칠 수 없다. 나머지는 다음과 같이 고칠 수 있다.
  ① I misunderstood the woman in our group.
  ② She had someone supporting her.
  ④ The news coming from the head office is trustworthy.

해석 | ① 나는 우리 그룹에 있는 그 여자를 오해했어.
     ② 그녀에게는 그녀를 지원하는 누군가가 있었다.
     ③ 네가 무슨 말을 하고 있는지 안 들려.
     ④ 본사에서 오는 그 소식은 믿을 만해.

4 목적격 관계대명사는 생략할 수 있다.

해석 | 네가 좋아하는 그 여자는 내 친구다.

5 해석 | (1) 나한테 네 마음속에 있는 조건을 말해 보는 게 어때?
       (2) 장소와 시간을 보여 주는 팸플릿을 어디에서 구하나요?
       (3) 너의 생일 파티를 위해서 만들어진 쿠키들이 상자에 담겼어.
       (4) 진열장에 전시된 사탕들은 매우 달아 보인다.
       (5) 실수는 당신이 (잘해 보려고) 애쓰고 있다는 것을 말해 주는 증거이다.

Practice p. 112

A

1 I heard a sound <u>coming from the corner</u>.
  나는 구석에서 들려오는 소리를 들었어.

2 Where is the water purifier <u>that was broken</u>?
  고장 난 정수기가 어디 있지?

3 I like your question <u>that is simple but thoughtful</u>.
  나는 간단하지만 생각해볼 만한 너의 질문이 마음에 들어.

4 He is the owner <u>working all day</u>.
  그는 하루 종일 일하는 주인이야.

5 The picture <u>that is very colorful</u> costs 2,000 dollars.
  매우 화려한 저 그림은 2,000달러예요.

B

6 (1) that is on Tuesday
  (2) on Tuesday

7 (1) that is caused by the construction work
  (2) caused by the construction work

8 (1) that is smooth and calm
  (2) smooth and calm

9 (1) that takes more than three days
  (2) taking more than three days

10 (1) that starts at 8 in the morning
   (2) starting at 8 in the morning

LESSON 53 손에 잡힐 때까지 바꾸자: 형용사절 → 형용사구

개념 정리 Quiz   p. 121

1 The easiest kind of relationship <u>I have</u> is with 10,000 people. The hardest is with the one <u>I live with</u>.

2 ②   3 ①   4 ②

5 (1) The milk sold in the store was 2 weeks old.
   (2) This is the last thing on the list.
   (3) I put a bandage on my arm having a scratch on it.
   (4) It was a joke making people laugh.
   (5) There were students taking a test in a classroom.

6 (1) changing continuously
   (2) teaching grammar
   (3) eating in the restaurant

1 해석 | 내가 가진 인간관계 중 가장 쉬운 종류는 10,000명과의 관계이다. 가장 힘든 인간관계는 나와 함께 사는 사람과의 관계이다. (한 사람과 사는 것이 만 명의 사람과 알고 지내는 것보다 힘들다는 뜻)

2 a friend helping in need는 a friend who helps in need를 형용사구로 바꾼 것이고, a difficulty giving us a hard time은 a difficulty that gives us a hard time을 형용사구로 바꾼 것이다. 또 a friend staying with us in a difficult time은 a friend who stays with us in a difficult time을 형용사구로 바꾼 것이다.

   해석 | 옛말에 '필요할 때 도와주는 친구가 진정한 친구다.'라는 말이 있다. 우리는 때때로 우리에게 힘든 시간을 주는 고난을 만날 때가 있다. 힘들 때 우리와 함께 머물러 있어 주는 친구가 참된 친구다. 친구가 없이는 우리의 삶은 사막과 같을 것이다.

3 ①번은 형용사절 안에 자체 주어 we가 있기 때문에 형용사구로 바꿀 수 없다.

   해석 | ① 우리가 가려고 하는 곳은 점점 유명해지고 있다.
         ② 우리는 점점 유명해지고 있는 곳으로 가고 있다.
         ③ 점점 유명해지고 있는 그곳이 우리의 목적이다.
         ④ 우리는 유명해질 곳으로 가고 있다.

4 ① 관계대명사 who를 생략하고 be동사를 생략하면 〈보기〉의 문장이 만들어진다.

③ 관계대명사 who를 생략하고 study에 -ing를 붙이면 〈보기〉의 문장이 만들어진다.

④ 관계대명사 who를 생략하고 have에 -ing를 붙여서 having으로 바꾼다. 완료형이라는 시제를 전달하지 않을 경우 having마저 생략하고 study에 -ing를 붙이면 〈보기〉의 문장이 만들어진다.

해석 | 밤새도록 공부하며 시험을 준비하는 몇몇 학생들이 있다.

5 해석 | (1) 그 가게에서 팔린 우유는 2주가 된 것이었다.
         (2) 이것이 목록에 있는 마지막 사항이다.
         (3) 나는 상처가 난 팔에 붕대를 감았다.
         (4) 그것은 사람들을 웃게 만드는 농담이었다.
         (5) 교실에서 시험을 보고 있는 학생들이 있었다.

Practice   p. 123

A

1 (1) that/which started yesterday
   (2) starting yesterday

2 (1) that/which gives much information
   (2) giving much information

3 (1) that/which are in the chapter 3 were on the test
   (2) in the chapter 3 were on the test

4 (1) that/which was written by AI popular
   (2) written by AI popular

5 (1) who/that is living here
   (2) living here

B 정답 예시

6 A gift that my friend gave is good.
   내 친구가 준 선물은 좋다.
   I have a gift that my friend gave.
   나는 내 친구가 준 선물을 갖고 있다.

7 The dream that I had last night was about my work.
   내가 어젯밤에 꾼 꿈은 내 일에 대한 것이었다.
   I remember the dream that I had last night.
   나는 내가 어젯밤에 꾼 꿈을 기억한다.

8 The bag that is expensive is mine.
   비싼 그 가방은 내 것이다.

I don't need the bag that is expensive.
나는 비싼 그 가방은 필요하지 않다.

9 The mistake that I made was a life lesson.
내가 한 그 실수는 인생 교훈이었다.

I learned a lesson from the mistake that I made.
나는 내가 한 그 실수에서 교훈을 얻었다.

10 Everyone who applied for this job will get a job.
이 일에 지원한 모든 사람들은 취업될 것이다.

This is a chance to everyone who applied for this job.
이것은 이 일에 지원한 모든 사람들에게 기회이다.

LESSON 54 모든 문장은 이렇게 길어진다

개념 정리 Quiz   p. 131

1 ② 2 ② 3 ①

4 (1) the patients who are in a mental hospital
→ the patients in a mental hospital

(2) the hospital director who reviewed the rescuer's file → the hospital director reviewing the rescuer's file

5 (1) 앞 (2) 뒤 (3) 뒤

1 형용사절은 who is sent to bed, that is in the kitchen, that you had, that is surely in the kitchen, that is definitely in the kitchen으로 총 5개이다.

해석|
한 꼬마 소년이 아버지에 의해 잠자리로 보내졌다. 침대로 보내진 소년은 목이 말랐다.
[5분 후에]
"아빠…" "왜?"
"저 목이 말라요. 부엌에 있는 물 한 잔 좀 갖다줄 수 있어요?"
"안 돼. 너는 그럴 기회가 있었잖아. 네가 가진 기회는 5분 전이었어. 불 꺼."
[5분 후에]
"아빠…" "왜?"

"저 목말라요. 부엌에 확실히 있는 물 한 잔만 좀 마셔도 돼요?"
"안 된다고 했잖아! 너 또 물어보면 엉덩이 맴매해 줘야겠다!!"
[5분 후에]
"아빠…" "왜??!!"
"나 맴매하러 올 때 부엌에 틀림없이 있는 물 한 잔 좀 갖다줄 수 있어요?"

2 the boy who is sent to bed
→ the boy sent to bed

a drink of water that is in the kitchen
→ a drink of water in the kitchen

a drink of water that is surely in the kitchen
→ a drink of water surely in the kitchen
(= a drink of water in the kitchen surely)

a drink of water that is definitely in the kitchen
→ a drink of water definitely in the kitchen
(= a drink of water in the kitchen definitely)

3 형용사절은 who are in a mental hospital, who reviewed the rescuer's file, who you saved로 총 3개이다.

해석|
정신병원에 있는 환자들 중 한 명이 욕조에서 자살을 시도한 다른 환자를 빼내서 구했다는 얘기를 들은 후에, 목숨을 구해준 환자의 파일을 검토한 병원장이 그를 사무실로 불러들였다.
"Harold 씨, 당신의 (건강 상태) 기록과 당신의 영웅적인 행동은 당신이 이제 집으로 돌아가도 되는 상태임을 알려주고 있군요 (당신의 (건강 상태) 기록과 당신의 영웅적인 행동을 보니 퇴원하셔도 될 것 같습니다). 단지 유감인 건 당신이 구한 남자가 나중에 밧줄로 목을 매서 자살해 버렸다는 거죠."
Harold 씨가 대답했다. "아, 그는 자살하지 않았어요. 제가 그 사람을 말리려고 매달아 놓은 거예요."

Practice   p. 133

A

1 The time that you should come back is coming.
네가 돌아와야 하는 시간이 다가오고 있어.

2 The name that you remember is different from the name I remember.
네가 기억하는 이름은 내가 기억하는 이름과 달라.

3 Who knows the man who is standing there?
저기에 서 있는 남자를 누가 아니?

4 I went to the place which we used to visit.
나는 우리가 예전에 방문하곤 했던 그곳에 갔어.

5 Tell me the time at which it begins.
   그게 시작하는 시간을 나에게 말해 줘.

B

6 I found my wallet (that) I lost yesterday.

7 The private talk (that) we had is a secret.

8 It was the happiest moment (that) I had in my life.

9 You are the person (who(m)) I am looking for.

10 Who wouldn't like the food that is so delicious?

C

11 (1) People watched the movie.
    (2) Many people watched the movie.
    (3) Many people watched the movie in the movie theater.
    (4) Many people around us watched the movie in the movie theater.

12 (1) I am thinking.
    (2) I am thinking about my future.
    (3) I am thinking about my future that/which could be good or bad.

13 (1) We have many chances.
    (2) We have many good chances.
    (3) We have many good chances that/which can turn the situation around.
    (4) We have many good chances that/which can turn the situation around easily.

14 (1) This is a simple work.
    (2) This is a simple work (that/which) anybody can do.
    (3) This is a simple work (that/which) anybody can do in one hour.
    (4) This is a simple work (that/which) anybody can do in one hour without learning.

LESSON 55 어떻게 만드나요? 명사절

개념 정리 Quiz   p. 141

1 ③   2 ②   3 ②, ③

4 (1) I wonder how I should take this. (목적격)
   (2) Did you say you were there? (목적격)
   (3) Why they cancelled it suddenly is unknown. (주격)
   (4) Don't you remember I am not with them anymore? (목적격)

5 ③   6 ④

1 명사절은 문장의 주어 자리에 쓸 수 있다.

2 이 문장에서 that은 명사 자리에 쓰였으므로 that 대신에 형용사는 쓸 수 없다.
   해석 | 나는 그것을 기대하고 있었어.
   ① 나는 너를 기다리고 있었어.
   ③ 나는 좋은 결과를 기대하고 있었어.
   ④ 나는 네가 내 생일 파티에 참석할 거라 기대하고 있었어.

3 명사 that 대신 그 자리에 문장(주어+동사)을 쓰면 명사절이 된다.
   해석 | 너는 그것을 알고 있었어?
   ② 너는 그가 온 것을 알고 있었어?
   ③ 너는 그가 왜 왔는지 알고 있었어?

4 (1) how ~ this는 동사 wonder의 목적어로 쓰인 명사절이다.
   (2) you ~ there는 동사 say의 목적어로 쓰인 명사절이다.
   (3) why ~ suddenly는 문장의 주어로 쓰인 명사절이다.
   (4) I ~ anymore는 동사 remember의 목적어로 쓰인 명사절이다.
   해석 | (1) 내가 이것을 어떻게 받아들여야 하는지 궁금해요.
   (2) 네가 거기 있었다고 말했어?
   (3) 그들이 왜 그것을 갑자기 취소했는지는 알려지지 않았다.
   (4) 내가 더 이상 그들을 지지[찬성]하지 않는다는 거 기억 안 나?

Practice

p. 143

A

1 I heard <u>they set the new date</u>.
   나는 그들이 새로운 날짜를 정했다고 들었어.

2 <u>Where she is now</u> is unknown.
   그녀가 지금 어디에 있는지는 알려지지 않았다.

3 I saw <u>you were walking with him</u>.
   나는 네가 그와 함께 걸어가고 있는 것을 봤어.

4 Who knew <u>this would happen</u>?
   이런 일이 생길 줄 누가 알았겠어?

5 I learned <u>English is SVO language</u>.
   나는 영어가 SVO 언어라는 것을 배웠어.
   * SVO language: 주어(S), 동사(V), 목적어(O)의 어순을 가진 언어

B

6 He said he was going to quit.
7 I noticed it was you.
8 I clearly know when I should start.
9 I see my English is improving.

C

10 I believe nothing will happen.
11 We expect there will be a good result.
12 You promised you would clean.
13 No one thinks you did wrong.
14 I found out there are two answers.
15 Do you remember who came?
16 It means the situation is getting better.
17 The guide explained we would start first.
18 It shows honest people succeed.
19 We assume they know each other.
20 The number of comments proves it is popular.

LESSON 56 문장만 만들 수 있으면 명사절은 쉽다

개념 정리 Quiz

p. 150

1 ② 2 ④ 3 ③ 4 ③ 5 ③ 6 ②

7 (1) They can because they think <u>they can</u>.
  (2) People say <u>that love makes time pass and time makes love pass</u>.
  (3) I hope <u>that students learn new grammar from this book that I am writing and publishing</u>.

1 understand 뒤에 나오는 부분이 understand의 목적어이다. 빈칸에는 목적어 역할을 하는 명사절의 시작을 알리는 that이 적합하다.
   해석 | 난 네가 달리 방법이 없었다는 것을 이해해.
   * have no choice 다른 선택권이 없다, 달리 방법이 없다

2 He said which he should move out.은 의미상 어색한 표현이다.
   해석 | ① 그는 이사를 가야 한다고 말했어.
         ② 그는 왜 이사를 가야 하는지 말했어.
         ③ 그는 언제 이사를 가야 하는지 말했어.

3 해석 | 내 말이 맞다고 너한테 말했잖아.

4 that이 포함된 명사절은 목적격으로 쓰였다.
   해석 | 나는 그들이 우리를 위해 할인해 주는 것이 마음에 든다.

5 ① when it was – 명사절(목적격)
   ② where you have been – 명사절(목적격)
   ③ why he stopped doing it – 형용사절(why는 관계부사)
   ④ how I can write a sentence – 명사절(목적격)
   해석 | ① 그게 언제였는지 말해줘.
         ② 네가 어디에 있었는지 알고 싶어.
         ③ 그것이 그가 그걸 그만둔 이유이다.
         ④ 나는 어떻게 문장을 쓸 수 있는지 배웠다.

6 ①, ③, ④번에서 that은 명사절을 이끄는 역할을 하고 있고, ②번에서 that은 관계대명사로 쓰였다.
   해석 | ① 사람들이 요즘 캠핑 가는 것을 좋아한다는 것을 알아.
         ② 그는 빌린 책을 복사했다.
         ③ 그런 일이 생길 줄 누가 알았겠어?
         ④ 그녀는 내가 그랬다고 생각해.

7 (1) they can이라는 절(명사절)이 동사 think의 목적어로 쓰였다.
   (2) that 이하의 절(명사절)은 동사 say의 목적어로 쓰였다.

(3) 첫번째 that은 동사 hope의 목적어로 쓰인 명사절을 이끌고 있고, 두번째 that은 this book을 꾸며 주는 형용사절을 이끌고 있다.

해석 | (1) 할 수 있다고 생각하기 때문에 할 수 있는 것이다.
– Virgil
(2) 사람들이 말하길 사랑은 시간이 지나가게 하고, 시간은 사랑이 지나가게 한다고 한다. (프랑스 속담)
(3) 나는 내가 쓰고 출판하는 이 책에서 학생들이 새로운 문법을 배우기를 희망합니다. – 한일

Practice
p. 152

A

1 I think that I need it.
나는 그것이 필요하다고 생각해.

2 I can't say why I need it.
내가 왜 그것이 필요한지 말할 수는 없어.

3 I can't say when I need it, either.
나는 그것이 언제 필요한지도 말할 수 없어.

4 When I need it is important.
내가 그것이 언제 필요한지가 중요해.

5 You know what I need.
너는 내가 무엇이 필요한지 알고 있잖아.

B

6 She said (that) she was there.
7 We knew where she was.
8 We also knew why she was there.
9 Why she was there surprised us.
10 He noticed (that) I bought a present.
11 He noticed which I bought.
12 He noticed why I bought a present.
13 He noticed where I bought a present.
14 Where I bought a present is a secret.
15 I heard how they did.
16 I heard when they did.
17 How they did is important.
18 I wonder how much it is.
19 I wonder who was there.
20 I wonder where he is.

LESSON 57 가정법 과거는 아쉬워서 내뱉는 말

개념 정리 Quiz p. 160

1 ③   2 ③
3 (1) will (2) would (3) could (4) can
4 ④   5 ③   6 ①   7 ②

1 ③ 가정법 과거는 현재의 불가능한 일을 가정하는 것이다.

2 ① 가정법 현재 ② 가정법 현재 ③ 가정법 과거 ④ 가정법 현재

해석 | ① 만일 네가 그것을 좋아한다면…
② 만일 그들이 그것에 대해서 안다면…
③ 만일 내가 지금 돈이 있다면…
④ 만일 그것이 20달러보다 적다면…

3 해석 | (1) 네가 지금 물어본다면, 나는 그렇다고 말할 거야.
(2) 네가 지금 시작할 수 있다면 너는 이길 텐데.
(3) 내가 돈이 많다면 너에게 차를 사 줄 수 있을 텐데.
(4) 그들이 제시간에 온다면 우리는 그들을 만날 수 있어.

4 내가 키가 더 큰 것은 현실적으로 불가능한 일을 가정하는 것이므로 가정법 과거를 이용하여 ④번처럼 말해야 한다.

5 ③ 가정법 과거는 현실적으로 불가능한 일을 가정하는 것이므로 뒤에 오는 문장에도 불확실성을 나타내는 조동사 (would, could, should, might)를 써야 한다. → If she were here, she would see this.(그녀가 여기 있다면 이것을 볼 텐데.)

해석 | ① 내가 너라면 그런 식으로 일하지 않을 텐데.
② 네가 나라면 나를 이해할 텐데.
④ 우리가 같은 그룹에 있다면 우리는 일을 더 잘할 수 있을 텐데.

6 if절의 동사가 현재형이므로 주절의 would를 will로 바꿔야 한다. → If she likes it, I will buy it.(그녀가 그것을 마음에 들어 하면 나는 그것을 살 거야.)

해석 | ② 내가 그와 같다면 나는 무척 행복할 텐데.
③ 네가 피곤하다면 너는 여기에서 쉴 수 있어.
④ 내가 일본어를 읽을 수 있다면 그 책을 살 텐데.

7 문장의 주절 I could have more free time.(나는 더 많은 여유 시간이 있을 텐데.)의 could를 통해 가정법 과거임을 알 수 있다. if절에 들어갈 말도 가정법 과거에 맞는 것을 찾으면 된다.

해석 | ① 내가 (현재까지) 그 도구를 사용했다면
② 내가 너와 일하고 있다면
③ 내가 바쁘지 않다면
④ 내가 그것을 좀 더 일찍 끝낸다면

Practice
p. 162

A

1 If you <u>have</u> a receipt, we <u>can refund</u> it.
당신이 영수증을 가지고 있다면 우리는 그것을 환불해 줄 수 있어요. (가정법 현재)

2 If they <u>know</u> that I need it, they <u>will help</u> me.
그들이 내가 그것이 필요하다는 걸 안다면 그들은 나를 도와줄 거예요. (가정법 현재)

3 If I <u>knew</u> where she is now, I <u>would tell</u> you.
내가 그녀가 지금 어디에 있는지 안다면 너에게 말해 줄 텐데. (가정법 과거)

4 If I <u>had</u> enough money, I <u>would lend</u> you.
나에게 충분한 돈이 있다면 너에게 빌려줄 텐데. (가정법 과거)

5 If I <u>were</u> you, I <u>would not worry</u>.
내가 너라면 나는 걱정하지 않을 텐데. (가정법 과거)

B

6 If you like it, you can stay.
7 If it is expensive, I will not buy (it).
8 If it were close, I could go.
9 If it were today, I could go with you.
10 If he comes, you can tell then.
11 If you have it, can you lend me for a minute?
12 It it were 2 o'clock now, I could leave home.
13 If she were there, I could see her.
14 If the weather is good today, let's go out.
15 If everything goes well, we will win.
16 If the price were reasonable, I would buy (it).
17 If I had one more, I could give it to you.
18 If I memorized the part, I could know the answer.
19 If you were me, you would do (that), too.
20 If I were a teacher, I would ask this in a test.

LESSON 58 영어에서 가장 많이 쓰이는 단어 the

개념 정리 Quiz
p. 167

1 ② **2** ① **3** ④
4 (1) the (2) a, the (3) the

1 발명품이 발명된 후 시간이 지나면서 상용화되는 단계가 되면 a/an이나 -s를 붙일 수 있다.

2 ① 발명품 – 일반적인 개
② 포유류 통틀어 말하기 – 조류 통틀어 말하기
③ 악기 – 기타라는 악기
④ 일반적인 남자 – 일반적인 여자

3 해석 | A: 이것은 아름다운 피아노네요.
B: 네, 맞아요. 우리집에 이렇게 아름다운 피아노가 있으면 좋겠어요.
A: 피아노 칠 줄 아세요?

4 (1) 발명품 앞에는 the를 쓴다.
(2) 악기 앞에는 일반적으로 a를 쓰지만, 연주한다는 의미일 때는 악기 앞에 the를 쓴다.
(3) 어떤 종류를 총칭할 때는 the를 쓴다.

Practice
p. 168

A

1 <u>The</u> chimpanzees and <u>the</u> humans have <u>the</u> gene that matches 95%.
침팬지와 인간은 95% 일치하는 유전자를 가지고 있다.

2 <u>The</u> new plane can travel from Seoul to New York in 2 hours.
그 새로운 비행기는 서울에서 뉴욕까지 2시간 안에 이동할 수 있다.

3 I always wanted to play <u>the</u> piano well, but I played <u>the</u> guitar more.
나는 늘 피아노를 잘 치고 싶었지만 기타를 더 많이 쳤다.

4 Studying about the dinosaurs is a tough job because there is not much evidence left.
공룡에 대해서 연구하는 것은 힘든 일이다. 왜냐하면 남은 증거가 많지 않기 때문이다.

5 Is it the new machine? Yes. this is the new machine invented by HAZ Company.
이것이 새로운 기계인가요? 네. 이것이 HAZ 회사가 만든 새 기계입니다.

B

6 The new invention will shock the world.
7 I saw you playing the Clarinet.
8 I am interested a lot in the sea creatures.
9 If the bees are gone, the humans are gone, too.
10 The car that runs on air will be introduced soon. (= Soon the car that runs on air will be introduced.)

LESSON 59 the를 보는 시야를 넓혀라

개념 정리 Quiz p. 173

1 ③ 2 ② 3 ② 4 ③
5 ③ 6 ④, ⑤, ⑥

1 공공장소를 나타내는 명사 앞에는 the를 붙인다.
2 시청, 광장, 지하철은 모두 공공장소이기 때문에 앞에 the를 붙였다.
   해석| A: 시청이 어디에 있나요?
        B: 광장 근처에 있어요. 거기에 가려면 지하철을 타야 해요.
3 첫 번째 빈칸에는 '어떤 식당', '한 식당'이라는 의미로 a를 쓰고, 두 번째 빈칸에는 앞에서 언급한 식당을 가리키므로 '그 식당'이라는 의미로 the를 쓴다.
   해석| A: 이 지역 근처에서 중국 음식점을 봤어요.
        B: 네, 하나 있어요.
        A: 그 식당에 어떻게 가는지 알아요?

4 최상급은 강조하는 말투이므로 앞에 the를 쓴다.
   해석| 이 도시에서 가장 유명한 곳은 어디인가요?
5 우승자를 강조하기 위해 the가 쓰였다.
   해석| A: 뭐라고?
        B: 우승자가 너야.
        A: 진짜?
        B: 그래. 우승자가 너라고.
6 the airport: 강조, 서로 알고 있는 것, 공공의 개념
   the day: 강조, 서로 알고 있는 것
   the time: 강조, 서로 알고 있는 것
   해석| 그 공항에 갈 때마다 내가 너를 만난 그날이 생각나. 나는 너와 함께 보낸 그 시간을 결코 잊지 못할 거야.

Practice p. 175

A

1 Mount Everest is the highest in the world.
에베레스트산은 세계에서 가장 높다.

2 I know a song. The song is the only one that I can sing well.
나는 노래를 하나 알아. 그 노래는 내가 잘 부를 수 있는 유일한 노래야.

3 How long does it take to go to the shop from here?
여기에서 그 가게까지 가는 데 얼마나 오래 걸리나요?

4 Do you know where the theme park is?
놀이공원이 어디에 있는지 아세요?

5 It is important to memorize the example sentences.
예문들을 외우는 것이 중요해요.

B

6 This is the tallest building in the city.
7 I had a question to him. The question was a Yes or No question.
8 I would like to emphasize the word, HOPE.
9 Where is the nearest hospital?
10 There is an important message. I have to share the message.

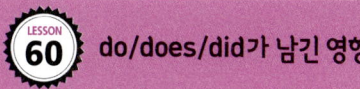

LESSON 60 do/does/did가 남긴 영향

개념 정리 Quiz p. 180

1 ④ 2 ② 3 ④ 4 ④ 5 ③

6 (1) ① You do have time.
　　② Do you have time?
　　③ You do not have time.

　(2) ① The students did pass the test.
　　② Did the students pass the test?
　　③ The students did not pass the test.

　(3) ① The game does start at 8:30.
　　② Does the game start at 8:30?
　　③ The game does not start at 8:30.

2 강조의 do 동사 뒤에는 동사원형을 써야 한다.
　② She does says it. → She does say it.
　해석 | ① 나는 정말 그걸 좋아해요.
　　　 ③ 그들이 정말로 그걸 샀어요.
　　　 ④ 네가 확실히 그걸 알잖아.

3 ①, ②번에서는 do가 의문문을 만들면서 강조 어감으로 쓰였고, ③번에서는 do가 부정문을 만들면서 강조 어감으로 쓰였다. ④번에서 do는 '하다'라는 뜻의 일반동사로 쓰였다.
　해석 | ① 너 거기에 갔었어?
　　　 ② 그들이 오니?
　　　 ③ 나는 그걸 이해 못하겠어.
　　　 ④ 나는 숙제를 할 거야.

4 ④ They do think you know do it. (×)
　→ They do think you do know it. (○)
　(그들은 정말 네가 그걸 확실히 알고 있다고 생각한다.)
　해석 | ① 너는 그것을 자주 하니?
　　　 ② 그가 무엇을 했는지 말했어?
　　　 ③ 그녀는 정말 그들이 그걸 하게 만든다.

5 ①, ②, ④번은 do가 의문문을 만드는 데 쓰였지만, ③번은 '하다'라는 뜻의 일반동사로 쓰였다.
　해석 | ① 너 뭐라고 했어?
　　　 ② 그가 올 거라고 생각해?
　　　 ③ 너 그것을 할 수 있어?
　　　 ④ 그녀는 자기가 누구라고 생각하는 거야?
　　　　 (자기가 뭔데 그래?)

6 해석 | (1) 너는 시간이 있어.
　　　 ① 너는 정말로 시간이 있어.
　　　 ② 너 시간 있어?
　　　 ③ 너는 시간이 없어.

(2) 그 학생들은 시험에 통과했어.
　① 그 학생들은 정말로 시험에 통과했어.
　② 그 학생들은 시험에 통과했어?
　③ 그 학생들은 시험에 통과하지 않았어.

(3) 경기는 8:30분에 시작해.
　① 경기는 정말로 8:30분에 시작해.
　② 경기는 8:30분에 시작해?
　③ 경기는 8:30분에 시작하지 않아.

Practice p. 182

A

1　He does change the time again.
　그는 정말로 시간을 또 바꾼다. (강조문)

2　Did you say that?
　네가 그렇게 말했어? (의문문)

3　They do not sell it.
　그들은 그것을 팔지 않아. (부정문)

4　We did learn from this course.
　우리는 정말로 이 강의에서 배웠어. (강조문)

5　Do they know you did write it by yourself?
　그걸 정말로 너 혼자서 썼다는 걸 그들이 알아?
　(의문문, 강조문)

B

6　I do know her.
7　Did you make it?
8　It does help.
9　They don't have it.
10　His questions didn't bother us.
11　You did say that.
12　Did I write this?
13　I don't have to go to work today.
14　She did say yes.
15　Did you sleep well?
16　Does it move all right?
17　I didn't expect that.
18　I do realize that now.
19　Do you agree with the idea?
20　I didn't know this before.

한국에서 유일한 기초 영문법 3

행일	개정판 2쇄 2023년 7월 13일
지은이	한일
발행인	한일
펴낸곳	도서출판 한일에듀
출판등록일	2017년 8월 7일 (672-99-00298)
주소	마포구 백범로 91 (대흥동, 주석빌딩 8층) 한일잉글리쉬아카데미
대표전화	070-7768-1100
ISBN	979-11-88669-07-3 03700
홈페이지	www.haniledu.org
편집	김현정
디자인	손혜정

COPYRIGHT ⓒ 2018 한일

저작권법에 따라 이 책에 실린 모든 내용, 디자인, 이미지, 편집 구성의 저작권은
저자와 한일에듀출판에 있으며, 허락 없이 복제하거나 다른 매체에 옮겨 실을 수 없습니다.